DA ARTE
POÉTICA

COLEÇÃO A OBRA-PRIMA DE CADA AUTOR

DA ARTE POÉTICA

ARISTÓTELES

Tradução e notas
Maria Aparecida de Oliveira Silva

MARTIN CLARET

© *Copyright* desta tradução: Editora Martin Claret Ltda., 2015.
Título original: Περὶ ποιητικῆς
Edição utilizada: *Poetica*, R. Kassel, *Aristotelis de arte poetica liber*.
Oxford: Clarendon Press, 1965 (repr. 1968 [of 1966 corr. edn.]): 3–49

DIREÇÃO	Martin Claret
PRODUÇÃO EDITORIAL	Carolina Marani Lima
	Mayara Zucheli
DIREÇÃO DE ARTE E CAPA	José Duarte T. de Castro
DIAGRAMAÇÃO	Giovana Gatti Leonardo
CAPA	Yoeml / Shutterstock
REVISÃO	Lilian Sais
	Waldir Moraes
IMPRESSÃO E ACABAMENTO	PSI7

Este livro segue o novo Acordo Ortográfico da Língua Portuguesa.

Dados Internacionais de Catalogação na Publicação (CIP)
(Câmara Brasileira do Livro, SP, Brasil)

Aristóteles
  Da arte poética / Aristóteles; tradução: Maria Aparecida de
Oliveira Silva. — São Paulo: Martin Claret, 2015. — (Coleção a
obra-prima de cada autor; 151)

Título original: Arte poétique.
ISBN 978-85-440-0083-0

1. Poética I. Título II. Série.

15-04167   CDD-808.1

Índices para catálogo sistemático:
1. Poética: Literatura 808.1

EDITORA MARTIN CLARET LTDA.
Rua Alegrete, 62 – Bairro Sumaré – CEP: 01254-010 – São Paulo, SP
Tel.: (11) 3672-8144 – Fax: (11) 3673-7146
www.martinclaret.com.br
Impresso em 2015

SUMÁRIO

Prefácio 7

DA ARTE POÉTICA 17

Notas 65

ΠΕΡΙ ΠΟΙΗΤΙΚΗΣ 89

SUMÁRIO

PREFÁCIO
FERNANDO BRANDÃO DOS SANTOS*

"A POÉTICA DE ARISTÓTELES E A FUNDAÇÃO DA TEORIA LITERÁRIA NO OCIDENTE"

A leitura da *Poética*, escrita por Aristóteles[1] provavelmente por volta do século IV a. C, deveria ser obrigatória a todos os estudantes de Letras. Esse fato se deve, sobretudo, mas não exclusivamente, à importância que o texto da *Poética* adquirir no período do Renascimento, quando foi tirado do esquecimento sofrido durante quase toda a Idade Média. A tradução da *Poética* ora apresentada pela estudiosa Maria Aparecida de Oliveira Silva dispõe aos leitores brasileiros e da língua portuguesa uma nova leitura desse texto que é, sem dúvida, dentre outras obras de caráter mais filosófico de Aristóteles, a fundação dos estudos sobre a tragédia grega desde a Antiguidade, e por que não dizer, da Teoria Literária em todas as suas ramificações em nossos dias.

Aristóteles, tendo sido discípulo de Platão e convivido com ele na Academia,[2] é um dos maiores nomes da filosofia

---

* Professor de língua e literatura grega no Departamento de Línguística e docente no Programa de Pós-Graduação em Estudos Literários da Faculdade de Ciências e Letras, Campus de Araraquara -UNESP. É sócio fundador da Sociedade Brasileira de Estudos Clássicos, da qual foi presidente no biênio de 2006-2007, e membro da Sociedade Brasileira para o Progresso da Ciência.

[1] Aristóteles nasceu por volta de 384 a. C. em Estagira, Macedônia, e morreu em Atenas em 322 a. C.

[2] A Academia foi a "escola" fundada por Platão num ginásio nos subúrbios de Atenas.

grega e da filosofia ocidental. Seus estudos focaram quase todos os campos do saber humano, inaugurando um método, o da análise e classificação, que ainda hoje vigora na maior parte das ciências. Assim, Aristóteles é considerado também um dos fundadores da ciência moderna.

Durante o século V a. C., Atenas é uma das maiores cidades do mundo antigo. Centro de debates filosóficos, políticos, retóricos, Atenas também foi o berço de uma das manifestações mais importantes na literatura que é a poesia dramática, com suas vertentes mais importantes: a tragédia e a comédia. Mas antes, para entendermos a importância da *Poética*, é preciso que entendamos bem o que é "poesia" para os gregos antigos. Ora, quando se fala de poesia na Grécia, pelo menos até o final do século V a. C., o que está em jogo não é um texto para ser lido por um público acostumado a livros, mas, ao contrário, "poesia" designaria uma manifestação artística diferente daquilo que hoje concebemos, comportando outros signos elaborados para uma apresentação ao vivo em celebrações públicas ou privadas. Vale lembrar aqui que o termo poesia, *poíesis* em grego, teria originalmente o significado de "criação, produção, fabricação". Os poetas, a princípio, se conhecem como "aedos", isto é, cantores, e o que produzem é "ode", ou seja, um canto. É assim que Homero se refere ao seu "fazer poético" na *Ilíada* e na *Odisseia*.

John Herington, em *Poetry into Drama, Early Tragedy and Greek Poetry Tradition*, traça todo o percurso que a poesia, originada de uma tradição oral, passando por Homero, percorreu até chegar ao que chamamos hoje "poesia dramática", e esclarece que todo esse acervo é permeado por uma *performance*. Então, dessa forma, as manifestações "literárias" dos gregos antigos comportariam, cada uma a seu modo, uma *performance* com elementos musicais e elementos de dança.[3] O caráter performático da poesia

---

[3] Berkele/Los Angeles/Londres, 1985.

dramática teria sua origem na própria maneira de os gregos fazerem e conceberem poesia. E que fique claro aqui também que os grandes compositores de tragédia do século V a. C. não tiveram contato com a proposta expressa no texto da *Poética*.

Embora na *Poética* Aristóteles formule um programa para sua obra, prometendo que, após escrutinar a tragédia, trataria da comédia, esse estudo nunca foi conhecido ou nunca chegou até nós, pelo menos até o presente momento. Umberto Eco, em seu romance *O nome da rosa*, teceu justamente uma deliciosa aventura do que poderia ter acontecido durante a Idade Média com a parte perdida do tal manuscrito de Aristóteles sobre a comédia.[4] O fato é que, de modo geral, na *Poética* Aristóteles examina a poesia, distinguindo-a da prosa, mas sua discussão tem como foco o que importa à tragédia.

Desse modo, a *Poética* apresenta em primeiro lugar a origem e a evolução da tragédia (1449a-b) destacando as diferenças entre a poesia trágica e a poesia épica. O que Aristóteles propõe como origem da tragédia e da comédia tem sido motivo de grande debate entre os estudiosos, o que tem até hoje gerado uma bibliografia inumerável, disponível para quem quiser aprofundar-se nessas questões.

O texto da *Poética* apresenta também as definições sobre o melhor enredo, e as partes "constitutivas" da tragédia, a saber, a peripécia e cenas de reconhecimento e o pensamento, elocução, melopeia, relegando o espetáculo a um segundo plano; afinal, segundo Aristóteles é possível reconhecer a força de uma tragédia sem a presença dos atores e sem o espetáculo, já que este último "é arte do cenógrafo e não dos poetas" (14450a-b).

A divisão do texto em "prólogo, párodo, episódio, estásimo, interlúdio lírico, *kommós* e êxodo" (1452b) proposta

---

[4] Rio de Janeiro, 2010.

por Aristóteles serve de guia até hoje para tradutores e leitores dividirem o texto e analisá-lo separadamente em relação ao conjunto, já que não há uma interrupção na "ação dramática" desde o começo do drama até o seu fim. No entanto, um dos maiores nomes dentre os estudiosos da tragédia grega, Oliver Taplin, em seu livro *The Stagecraft of Aeschylus, The Dramatic Use of Exits and Entrances in Greek Tragedy*, trouxe uma nova discussão sobre os termos empregados por Aristóteles, alertando-nos que dificilmente Ésquilo, Sófocles e Eurípides e os outros compositores desconhecidos para nós compuseram suas tragédias levando em conta essa divisão proposta na *Poética*. Segundo O. Taplin, ao contrário do exposto na *Poética*, o que marcaria a divisão e o andamento da ação dramática seriam as entradas e saídas de personagens, incluindo-se aí as manifestações do coro, personagem coletiva, com uma identidade comunitária, estabelecendo com isso a "gramática estrutural" do espetáculo.[5]

Para além dos embates acerca das partes constitutivas, não há manual mais útil ao leitor de tragédias do que a *Poética* de Aristóteles! O texto em sua sequência, aprofundando as discussões abertas, encaminha-se para os objetivos da composição de um bom texto trágico: provocar já no leitor (e essa observação deve ser retida) o "temor e a piedade" (1453a-b). Sobre esses temas pode-se encontrar uma biblioteca inteira construída através dos séculos, assim como o tema da "catarse", abordado no capítulo VI (1449b), e rios de tinta foram escritos sem que haja até os nossos dias, de fato, um consenso a respeito do que seja a tal "purgação" trazida à baila pela *Poética*.

Dentre outras questões abordadas na *Poética*, uma das que mais renderam trabalhos e estudos refere-se ao "herói trágico". Entretanto, o estudioso John Jones em seu livro *On Aristotle and Greek Tragedy* nos adverte enfaticamen-

---

[5] Oxford, 1978.

te sobre o fato de Aristóteles centrar sua teoria sobre a "imitação não dos seres humanos, mas de suas ações".[6] Destaca ainda que o "herói trágico" aparece nos estudos literários somente a partir da leitura da *Poética* feita pelo Romantismo no final do século XVIII e em boa parte do XIX, período em que o mundo começa a se configurar geográfica e politicamente tal como o temos hoje.

Isso nos leva a várias outras discussões, inclusive sobre a figura que hoje chamamos confortavelmente de "personagem", termo de origem francesa vindo do *persona* do latim, que, por sua vez, possivelmente traduziria o grego *prosopon*, trazendo para muitos estudiosos a ideia de que a máscara usada pelo ator teria a função de dar destaque à voz. Mas como nos alerta John Jones:

"é preciso ter muito cuidado, porque quase toda a informação literária sobre esse objeto perecível de linho é tardia e o indício da arqueologia é sempre ambíguo: as figuras mascaradas de um vaso ou de uma pintura mural podem ou não ser de atores numa peça".[7]

Contudo, o uso da máscara é dado como certo desde os primórdios do teatro grego e exige que a identificação da personagem seja feita através do texto, ou seja, da verbalização referente tanto à identificação das personagens em cena quanto às alterações de seu estado emocional.[8] Por

---
[6] *On Aristotle and Greek Tragedy*, Londres, 1962, p. 29-30. Para essa afirmação John Jones toma 1450a 16-22 da *Póetica*.
[7] *Ibid.*, p. 43.
[8] Veja *The Dramatic Festivals of Athens*, de Sir A. Pickard-Cambridge, Oxford, 1969: p.137, 140, 170, 179, 190-197, sobretudo 195-196 sobre o uso da máscara na tragédia. Veja também *Greek Theatre Production*, de T. B. L. Webster, Londres, 1970, p. 101 ss. Para uma abordagem antropológica veja "Figura da máscara na Grécia antiga", *Mito e Tragédia na Grécia antiga*, Vol. II, de Jean--Pierre Vernant e Fr. Frontisi-Ducroux, São Paulo, 1991, p. 27-46.

exemplo, ao impossibilitar a visão das expressões faciais do ator, ainda que não tenha originalmente sido planejada para ampliar a voz, a máscara confere um destaque maior, por conseguinte, ao texto pronunciado. A *personagem*, então, ao falar, expõe suas motivações, seus pensamentos, seu caráter.[9] O termo que Aristóteles usou mais próximo da nossa noção de personagem é *hoide práttontes*, isto é, os que "atuam", os que "agem".[10] Roselyne Dupont-Roc e Jean Lallot justificam a proposta de tradução para essa expressão com o seguinte comentário:

> A princípio assimilados aos seres que agem dentro da realidade e são dotados de qualidades de ordem ética, são em seguida definidos pela distância mesma que os separa desses modelos ("melhores, piores, semelhantes *a nós*"), e aparecem como os que agem no relato ou em cena. Trata-se, então, rigorosamente de seres em ação na ficção, criados da imitação de seres em ação no real. O grego antigo, não possuindo um termo para designar o que chamamos *personagem*, contenta-se com o particípio do vergo *agir*, deixando ao contexto o cuidado de tornar clara a natureza do objeto da atividade mimética em suas diversas modalidades.[11]

Tudo isso é fácil de compreender na leitura do texto da *Poética*, porém, um outro complicador aparece quando Aristóteles postula, no capítulo XIII, a discussão sobre esse "agente" que, ao agir, age de modo a provocar a sua própria queda, passando *"da boa sorte para a má sorte, não por uma perversidade, mas por um grande erro"* (1453a 15).

---

[9] Veja "Voice and Enunciation", *The Dramatical Festivals of Athens*, Oxford, 1969, p. 167-171.

[10] Veja *Poética*: 1448a 1; 1448a 23; 1448a 27; 1449b 31; 1449b 37; 1450b 4; 1460a 14.

[11] *La Poétique*, Paris, 1980, nota 1(48a 1), p. 156.

Para que se compreenda melhor as bases da criação da "personagem trágica", ou do "herói trágico" e seus problemas, sugerimos também a leitura de J. M. Bremer, *Hamartia: Tragic Error in the Poetics of Aristotle and in Greek Tragedy*,[12] e de Suzanne *La faute tragique*,[13] e o livro de Daisi Malhadas, *Tragédia grega, o mito em cena*.[14] Por fim, vale a pena ainda assinalar que Aristóteles no capítulo XXVI, depois de comparar a epopeia e a tragédia, assinala a qualidade desta última que já deve ser notada apenas pela "leitura".

Para Roman Ingarden, estudioso da semiologia do espetáculo teatral, a peça de teatro não é uma obra puramente literária; em suas palavras "é, no entanto, um caso limite seu". Ingarden apresenta uma série de argumentos para ressaltar o que uma peça de teatro tem em comum com a literatura: tendo um conjunto de aspectos semelhantes à "obra puramente literária", sendo esta produzida apenas para ser lida, não pressupondo, portanto, qualquer tipo de execução, "*nela intervêm novos elementos e alguns dos estratos desempenham um papel um pouco modificado*"; embora tenha esses mesmos estratos de unidade de sentido e das formações fônico-linguísticas comuns à obra puramente literária, a peça de teatro, segundo o autor, pode ser incluída nas obras literárias, mas não nas "puramente literárias". A força expressiva da peça de teatro é muito maior do que a da obra puramente literária.[15] Segundo essa visão, a obra teatral teria em geral alguma participação no que chamamos de literatura, mas, em algum momento, talvez o da representação — o autor não nos esclarece —, transpõe os limites da literatura e constitui-se no quê? A solicitação

---

[12] Amsterdã, 1969.
[13] Paris, 1978.
[14] Cotia, 2003.
[15] *A obra de arte literária*, Lisboa, 1979, p. 348-353.

efetiva da visão e da audição durante a apresentação de um texto teatral resultaria naquilo que a distingue do texto puramente literário? Não estaria por trás dessa ideia de Ingarden o pensamento de Aristóteles, na *Poética*, quando afirma:

> Ainda a tragédia também faz, sem gesticulação, o que é próprio dela, como a epopeia; pois, através da leitura, é possível que suas qualidades sejam evidenciadas; se então é superior em todas as outras coisas, isso não é necessário para superá-la.
> **183.** Depois, porque tem todos os elementos que a (15) epopeia tem (pois também lhe é permitido utilizar o seu metro), e, além disso, que não é uma parte pequena, a música e os espetáculos; através dela, combinam-se os mais manifestos prazeres; logo também tem sua visibilidade na leitura e nas atuações. (1462a-b, 182.10 – 183-15)[16]

Mas Aristóteles, nesse passo, põe em foco uma mudança de atitude em relação ao texto teatral, tanto quanto sabemos, até então ainda não anotada. Inaugura, assim, o que podemos hoje chamar de *Teoria da Literatura*, porque justamente pressupõe a supremacia da leitura do texto teatral em detrimento de sua execução, e, com isso, privilegia a sua escritura.[17] Para o autor do *Greek Theater and Its Drama*, Roy C. Flickinger, Aristóteles não estaria preocupado com a encenação propriamente dita dos textos, mas sim com outros aspectos que muitas vezes nos escapam; um deles certamente seria a leitura pura e simples, sem os *adornos* ou *temperos* da representação.[18]

---

[16] Grifo nosso.
[17] Oliver Taplin tem uma visão diferente em relção ao espetáculo na *Poética*. Veja *The Stagecraft of Aeschylus*, apêndice F, "Aristotle *Poetics* on ὄψις", p. 477-479, cf. também, p. 24-25.
[18] Chicago/Londres, 1973, p. 5-6. Há ainda uma abundante bibliografia no que se refere à aquisição da leitura no mundo antigo

No entanto, essa postura, inédita no mundo grego antigo, está eivada do pressuposto de que a escrita, sempre anterior à *performance*, é mais importante. Parece-nos que o texto teatral é o último dos gêneros em que a execução oral, no mínimo, ainda se faz necessária para uma apreciação estética de sua totalidade significativa e de todas suas possibilidades expressivas. É a passagem definitiva do mundo oral para o mundo da escrita, ou seja, para o mundo da literatura, da qual somos todos herdeiros. A partir da *Poética* de Aristóteles o texto pode ser apreciado *per se* sem a concorrência dos outros elementos do espetáculo, da *performance*.

Para os apreciadores de uma boa leitura, a tradução fluente da *Poética* apresentada por Maria Aparecida de Oliveira é uma fonte de pesquisa sobre esse importante texto/monumento da civilização ocidental, ponto de partida para tantas outras *Poéticas* que se lhe sucederam, tais como a de Horácio, a de Longino, entre outras. Além do rigor na tradução do texto grego estabelecido por R. Kassel (*Aristotelis de arte poetica liber*[19]), Maria Aparecida de Oliveira Silva anota as passagens intricadas e importantes, tornando o texto mais claro tanto para o leitor desavisado quanto para os estudiosos oferecendo um material rico e abundante em informações de caráter linguístico, histórico e cultural, o que torna sua tradução uma leitura obrigatória para os que querem aproximar-se da *Poética* de Aristóteles com seriedade.

---

e o que ela desencadeia. Veja alguns textos interessantes e sua bibliografia para questões pertinentes: *Phrasikleia, anthropologie de la lecture en Grèce ancienne*, de Jesper Svenbro, Paris, 1988, e seu texto "La Grecia arcaica y clásica, la invención de la lectura silenciosa" no livro organizado por Guglielmo Cavallo e Roger Chartier, *Historia de la lectura en el mundo occidental*, 2ª ed., Madri, 2004.

[19] Oxford, 1968.

DA ARTE POÉTICA

DA ARTE POÉTICA

I

(1447a) 1. Trataremos da arte poética em si e de seus gêneros, qual a potencialidade que tem cada um deles, de como os enredos devem ser compostos (10) se houver a intenção de que a poesia seja bela, e ainda de quantas e de quais são as suas partes, igualmente sobre o restante dos assuntos que são de sua investigação. A começar, como é natural, primeiro pelos mais importantes.

2. A epopeia, a poesia trágica, e ainda a comédia, a poesia ditirâmbica,[1] a (15) maior parte da aulética[2] e da citarística,[3] em geral, todas são imitações; e diferem umas das outras em três pontos: pois, ou imitam por meios diferentes, ou coisas diferentes, ou por modos distintos e não da mesma maneira.

3. Pois como alguns imitam muitas coisas, representando-as com cores e formas (uns (20) pela técnica e outros pelo hábito), e outros pela voz, assim também nas artes mencionadas, todas fazem a imitação com ritmo, palavra e harmonia, com esses elementos separados ou mesclados; por exemplo, somente a aulética e a citarística utilizam harmonia e ritmo, ainda que algumas (25) outras sejam análogas quanto à sua capacidade, por exemplo, a siríngica,[4] e imitam com o próprio ritmo e sem harmonia a arte dos dançarinos (pois também esses, através de ritmos coreografados, imitam caracteres, paixões e ações).

4. Mas a epopeia somente utiliza as palavras simples e os metros, também esses, quer **(1447b8)** mesclando uns com os outros, quer utilizando um único tipo, e dentre os metros, uns são anônimos até hoje; pois não (10) podemos nomear em comum os de Sófron,[5] os mimos de Xenarco,[6] os diálogos socráticos, nem se alguma imitação é feita por trímeros, ou elegíacos, ou quaisquer outros dessa espécie. A não ser que os homens, relacionando o metro à composição, nomeiem os poetas elegíacos ou épicos, não (15) conforme a imitação, mas conforme o metro em comum.

5. Pois, se expuserem um assunto de medicina ou de física em versos, se habituarão a chamá-los de poetas; mas não há nada em comum entre Homero[7] e Empédocles,[8] exceto o metro, por isso é justo chamar aquele de poeta e esse de fisiólogo mais que (20) poeta; igualmente, se alguém compuser uma obra de imitação, misturando todos os tipos de metros, como Querémon[9] compôs seu *Centauro*, rapsódia misturada com todos os tipos de metros, também deve ser chamado de poeta.

6. Defina-se desse modo a respeito desses assuntos. E há uns que se utilizam de todos os elementos que foram (25) citados; falo, por exemplo, do ritmo, da melodia e do metro, como a poesia dos ditirâmbicos[10] e a dos nomos,[11] também a tragédia e a comédia; eles diferem porque umas juntam todos e outras cada um na sua parte. Então, digo que essas são as diferenças entre as artes nas quais se faz a imitação.

II

(1448a) 7. Visto que os imitadores imitam aqueles que atuam, é necessário que esses sejam ou elevados ou inferiores (porque os caracteres sempre seguem somente esses traços, pois todos diferem em seus caracteres pelo vício ou pela virtude), ou são melhores, ou como nós, ou piores, (5) ou tais eles são, como fazem os pintores: Polignoto[12] representava os melhores, Páuson,[13] os piores e Dionísio,[14] como pareciam. É evidente que cada uma das imitações que dissemos contém essas diferenças, e uma será diferente da outra, por imitar coisas diferentes, desse modo.

8. Pois também na dança, na aulética e (10) na citarística é possível haver essas dissimilaridades, também na prosa e no verso sem música; por exemplo, Homero imitou os melhores; Cleofonte,[15] os iguais; Hégemon[16] de Tasos,[17] o primeiro que compôs paródias e Nicócares,[18] em sua *Delíada*,[19] os piores; do mesmo modo, também nos ditirambos e nos (15) nomos, como nos *Ciclopes*,[20] de Timóteo[21] e Filóxeno,[22] pode-se fazer uma imitação.

9. Nessa mesma diferença distingue-se a tragédia da comédia; pois uma quer imitar os piores e outra, os melhores do que são na realidade.

III

10. E há ainda uma terceira diferença entre elas, que é o modo como cada uma delas (20) pode imitar. Pois, nas mesmas circunstâncias, também é possível imitar as mesmas coisas, quando se faz uma narrativa, ou se torna um outro, como faz Homero, quando imita a si mesmo e não muda, ou todos os que são imitados, que atuam e agem por si mesmos. Então, nessas três diferenças está a imitação, (25) como dissemos no início: nos meios, nos objetos e no modo como se imita. De sorte que, por esse aspecto, o mesmo seria a imitação de Sófocles[23] e Homero, pois ambos imitam os sérios, do mesmo modo que Aristófanes,[24] pois ambos imitam os que atuam e fazem as coisas.

11. De onde alguns dizem que essas se chamam dramas, porque imitam os que fazem as coisas. Por isso, (30) os dórios reivindicam a criação da tragédia e da comédia (pois os megarenses reivindicam a da comédia, tanto os que viviam na democracia, como também os provenientes da Sicília,[25] pois de lá era Epicarmo,[26] poeta muito anterior a Quiônides[27] e Magnes;[28] também a criação da tragédia, alguns (35) dórios do Peloponeso[29] reivindicam), considerando que os nomes indicavam; pois eles dizem que chamam suas aldeias de *kómas*,[30] enquanto os atenienses as chamam de *démous*,[31] que comediantes não vêm de *komázein*,[32] mas pela perambulação de aldeia em aldeia, porque eram insultados pela cidade;

1448b e para o fazer eles usam *drân*,[33] enquanto os atenienses usam *práttein*.[34]

12. A repeito das diferenças, quantas e quais são próprias da imitação, eu disse o suficiente.

IV

13. Parece que há em geral duas causas, e essas são naturais, (5) que originaram a arte poética. Pois a imitação é natural dos homens, desde a infância, e isso os difere dos demais animais, porque é o mais imitador, e aprende, pela imitação, as primeiras coisas, e todos têm prazer com as imitações.

14. E um sinal disso é o que acontece (10) nas ações; pois as vemos de modo brilhante, temos prazer em contemplar as imagens que são mais perfeitas que elas mesmas, por exemplo, como as figuras dos animais e dos cadáveres que nos são desprezíveis. E a causa disso não é porque aprender é muito prazeroso somente aos filósofos, mas também, igualmente, aos demais [homens], embora pouco participem (15) dele. Por isso, comprazem-se ao ver as imagens: porque ocorre aos que as contemplam de aprender e concluir o que é cada uma delas, por exemplo, que "isso é aquilo"; visto que, se por acaso alguém não o tenha visto previamente, não seria uma imitação que o faria sentir prazer, mas por causa da sua execução, pelo colorido ou por qualquer outra causa da mesma espécie.

15. (20) Como é próprio da nossa natureza a imitação, a harmonia e o ritmo (pois é evidente que os metros são partes dos ritmos), os que no início foram por natureza mais voltados para isso, pouco a pouco, promoveram o nascimento da poesia a partir dos seus improvisos.

16. E a poesia foi distinguida conforme os caracteres particulares; (25) pois uns eram mais nobres no estilo e imitavam as belas ações e as coisas dessa mesma espécie, outros eram mais vulgares e imitavam as ações dos insignificantes, esses compunham censuras, como aqueles faziam hinos e encômios. Dentre os que eram anteriores a Homero, não podemos falar de ninguém que tenha tido esse mesmo gênero de poema, mas é verossímil que tenha havido muitos, e a começar de Homero (30) há, por exemplo, o *Margites*[35] e outras obras do mesmo genêro. Nas quais, por seu ajuste, entrou o metro iâmbico — por isso ainda hoje se chama iambo, porque nesse metro satirizavam uns aos outros. Houve dentre os antigos uns poetas de versos heroicos e outros de versos iâmbicos.

17. Como ainda, quanto aos assuntos mais nobres, havia o poeta Homero (35) (não somente porque excele, mas também porque compôs imitações dramáticas), assim também foi o primeiro a traçar o esboço da comédia, dramatizando, não a censura, mas com o ridículo; pois o *Margites* é análogo, como a *Ilíada*[36] (**1449a**) e a *Odisseia*[37] são análogas às tragédias, assim também esse é às comédias.

18. Quando a tragédia e a comédia apareceram, os que se dedicavam à poesia foram para cada um dos seus gêneros, conforme a natureza do seu caráter; (5) uns, em vez de iambos, compuseram comédias, outros, em vez de épicos, compuseram tragédias, porque essas formas eram melhores e mais estimadas que aquelas.

19. Então, examinar se a tragédia já é a perfeição em suas formas ou não, e interpretá-la em si mesma e quanto aos seus espetáculos, isso é outro assunto.

20. Quando se originou no início do (10) improviso — não, só a tragédia, como também a comédia, aquela dos precursores do ditirambo, e essa dos cantos fálicos,[38] que ainda hoje permanecem honrados em muitas cidades — pouco a pouco evoluiu, desenvolvendo o que dela se revelava; e, depois de passar por muitas transformações, a (15) tragédia se firmou, visto que obteve a sua própria natureza. E Ésquilo[39] foi o primeiro que elevou o número de atores de um para dois, reduziu a importância do coro e preparou o diálogo para ser o protagonista; e Sófocles instituiu três atores e a cenografia. E, além disso, quanto à elevação da linguagem, após muito tempo, a tragédia mudou dos pequenos enredos e do (20) estilo ridículo, por causa de sua linguagem satírica, para um estilo elevado, e adquiriu um tom solene, e o metro de tetrâmetro tornou-se iâmbico. Pois primeiro os poetas utilizaram o tetrâmetro por causa de sua poesia ser satírica e mais apropriada para a dança, mas, quando o diálogo surgiu, a sua própria natureza encontrou o metro apropriado; pois o verso iâmbico é (25) o mais proferível dos metros; uma prova disso é que proferimos muitas vezes versos iâmbicos em uma conversa uns com os outros, e poucas vezes os hexâmetros, quando nos afastamos da harmonia da fala. E, além disso, há abundância de episódios.

21. Quanto aos episódios e aos ornamentos, (30) basta o que foi dito por nós; pois seria muito trabalho discorrer sobre cada um deles.

V

22. A comédia é, como dissemos, a imitação dos homens inferiores, não, todavia, em relação a todo tipo de vício, mas à parte ridícula do que é vergonhoso. Pois o ridículo é um erro, (35) uma vergonha indolor e perecível; por isso, sem rodeios, a máscara cômica é feia e distorcida, mas sem aspecto de dor.

23. Não desconhecemos as transformações da tragédia e por quais poetas elas se originaram, mas a comédia, por não

(1449b) ter sido levada a sério desde o início, escapou-nos; muito tempo depois, o arconte[40] lhe concedeu por acaso um coro[41] de comediantes, que no caso contrário eram voluntários. Logo após ela obter certas formas, os que são considerados poetas cômicos passam a ser citados. Mas não é reconhecido quem lhe conferiu máscaras, ou prólogos, ou o grande número de atores e outras coisas semelhantes. Epicarmo[42] e Fórmis[43] foram os primeiros que compuseram seus enredos que desde o início vieram da Sicília, e Crates[44] foi o primeiro dentre os atenienses que começou, depois de ter abandonado a poesia iâmbica, a compor histórias e enredos de caráter geral.

24. A epopeia foi acompanhada pela tragédia até por seguirem um metro e pelo argumento, por ser a imitação dos homens sérios; mas ela possui um metro único e tem uma narrativa, nisso diferem; e, além disso, na extensão; a tragédia, o máximo possível, tenta estar dentro de um período do sol,[45] ou em pouco variar, e a epopeia não tem limite de tempo, e nisso difere; embora, (15) no princípio, igualmente os poetas compusessem sem limite de tempo nas tragédias e nas epopeias.

25. Quanto às suas partes, algumas são as mesmas e outras são mais próprias da tragédia; por isso, quem conhece o que é sério e inferior relativo à tragédia, conhece também a respeito da epopeia; pois a epopeia tem umas partes que são permitidas na tragédia, mas de outras, que são aceitáveis nela, nem todas são admitidas na (20) epopeia.

VI

26. A respeito da imitação em hexâmetros e da comédia, falaremos depois.[46] Mas devemos falar a respeito da tragédia, retomando o que foi dito sobre ela, para definir a sua essência.

27. Então, a tragédia é uma imitação de uma ação séria (25) e completa, com alguma extensão; em uma linguagem tornada agradável, separada de cada uma das suas espécies nas suas respectivas partes, com atores atuando, não por uma narrativa, e que realiza, pelo temor e pela piedade, a catarse de tais emoções.

28. E digo que é uma linguagem tornada agradável[47] a que tem ritmo, harmonia e canto, e que é separada das (30) suas espécies a que realiza algumas partes somente pelos metros e outras, ao contrário, pelos cantos.

29. E visto que fazem a imitação atuando, em primeiro lugar, por necessidade, o belo aspecto do espetáculo será uma parte da tragédia; depois, a melopeia[48] e a elocução, pois fazem a imitação por esses meios. E digo que elocução é essa (35) composição dos metros, e que melopeia é o que tem a capacidade de ser evidente em tudo.

30. Visto que uma imitação é própria de uma ação, que é realizada pelos que atuam, e é necessário que executem conforme o caráter e o pensamento (pois, por meio deles, (**1450a**) dizemos que as ações são de certas qualidades, [duas são as causas por natureza das ações: pensamento e caráter, e, de acordo com elas, todos são bem-sucedidos ou malsucedidos), mas a imitação de uma ação é o enredo, pois digo que esse enredo é a (5) composição dos atos, e caracteres são conforme o que dizemos que os que atuam são de certas qualidades, e pensamento está no quanto dizem e mostram algo ou também revelam a sua intenção —

31. então, é necessário que as partes de toda tragédia sejam seis, segundo as quais está a qualidade da tragédia; e essas são: enredo, caráter, elocução, (10) pensamento, espetáculo e melopeia. Pois pelos meios que imitam são duas partes, mas como imitam, é uma, e o que imitam, são três, e, além dessas, nenhuma. Não são poucos os poetas, por assim dizer, que utilizam esses elementos; pois também toda tragédia possui espetáculo, caráter, enredo, elocução, canto e pensamentos, do mesmo modo.

32. (15) O mais importante deles é a trama dos acontecimentos. Pois a tragédia é uma imitação, não de homens, mas de ações e de vida, e felicidade ou infelicidade está na ação, e a sua finalidade é uma ação, não uma qualidade; mas conforme os caracteres os homens têm certas qualidades, e, de acordo com as suas (20) práticas, são felizes ou o contrário; portanto as personagens não atuam para imitar os caracteres, mas se apropriam dos caracteres para certas ações; de modo que as ações e o enredo são a finalidade da tragédia, e a finalidade é o mais importante de todos os elementos.

33. Ainda sem a ação não poderia haver tragédia, mas sem os caracteres (25) haveria; pois as tragédias da maior parte dos mais recentes não têm caracteres, e, em geral, muitos poetas são dessa espécie, por exemplo, também, entre os pintores, Zêuxis[49] sofreu comparação com Polignoto;[50] pois Polignoto é bom pintor de caráter, mas a pintura de Zêuxis nada tem de um caráter.

34. Ademais, ainda que alguém colocasse os caracteres um após outro, bem compostos pela elocução (30) e pelo pensamento, não comporia o que seria uma obra própria da tragédia, porém muito mais seria a tragédia obtida inferior nesses elementos, mesmo tendo um enredo e uma trama dos acontecimentos. Além disso, os elementos principais com os quais a tragédia encanta são as partes do enredo, que são as peripécias e os (35) reconhecimentos. Uma prova disso é que aqueles que empreendem compô-la, em primeiro lugar, conseguem com a elocução e os caracteres elaborá-la com mais exatidão que quando combinam as ações, como também quase todos os antigos poetas.

35. Então, o enredo é como o princípio e alma da tragédia, em segundo lugar, os caracteres (pois também é bem parecido (**1450b**) com a pintura; pois se alguém espalhasse confusamente as mais belas cores, não nos alegraria do mesmo modo que se pintasse uma imagem de branco). A tragédia é a imitação de uma ação e, por ela, sobretudo, uma imitação daqueles que atuam.

36. Em terceiro lugar, o pensamento; e esse (5) é a capacidade de dizer o que está nas ações e o que se ajusta nelas, o que, nos discursos, é uma obra política e retórica; os antigos poetas compunham personagens que falavam como convém aos cidadãos, enquanto os modernos, aos retóricos. O caráter é algo tal que manifesta a decisão, como alguém, nos momentos em que ela não está evidente, o que foi (10) escolhido ou rejeitado — por isso não têm caráter os discursos nos quais, em geral, não há algo que o falante escolhe ou rejeita — e há pensamento naqueles que demonstram que algo é ou não é, ou em geral declaram algo.

37. Em quarto lugar, entre os elementos discursivos, está a elocução; e digo, como foi dito antes, a elocução é a expressão pela palavra, o que tem a mesma capacidade (15) tanto no verso quanto na prosa.

38. Entre os elementos restantes, a melopeia é o principal dos adornos.[51]

39. Enquanto o espetáculo é encanto, mas é o menos artístico e o menos próprio da arte poética; pois a capacidade da tragédia se manifesta também sem representação e atores; e, além disso, a maior autoridade em torno da produção (20) dos espetáculos é a arte do cenógrafo e não dos poetas.

VII

40. Após ter definido esses elementos, devemos falar sobre qual deve ser a trama das ações, visto que isso é o primeiro e principal elemento da tragédia.

41. De fato, está estabelecido por nós que a tragédia é a imitação de uma ação completa e inteira, com alguma extensão; pois pode haver algo inteiro, mas que não tem extensão. E inteiro é o que tem princípio, meio e fim. O princípio é o que em si mesmo não está necessariamente depois de outra coisa, mas aquilo que antecede o que é ou que virá a ser; o fim, ao contrário, está em si mesmo depois de outra coisa por natureza ou (30) por necessidade ou como na maioria das vezes, não há outra coisa depois dele; e o meio é o que está depois de alguma coisa e que há outra coisa depois dele.

43. Os enredos bem compostos então não devem começar de algum ponto casual nem terminar em qualquer lugar ao acaso, mas utilizar os critérios já mencionados.

44. E, além disso, o belo, seja um ser vivo ou toda coisa que seja composta de partes, não somente deve ter suas partes ordenadas, mas também decorrer de uma grandeza que não seja por acaso; pois o belo existe na grandeza e na ordem, por isso algo muito pequeno não poderia ser um ser vivo belo (pois a visão quando ocorre por um tempo quase imperceptível é confusa) nem algo muito grande (pois (**1451a**) a visão não se torna completa, mas arruína aos espectadores a unidade e o todo, por estar fora do seu campo de visão), por exemplo, se fosse um animal com tamanho de dez mil estádios;[52] de modo que, como nos corpos humanos e nos animais, deve haver alguma grandeza, e isso é facilmente perceptível em conjunto, assim (5) também, nos enredos, deve haver uma extensão, e essa deve ser fácil de ser lembrada.

45. E o limite da extensão para as representações dos concursos e a percepção pelos sentidos não é próprio da arte; pois, se cem tragédias devessem ser representadas, seriam representadas contra o tempo da clepsidra,[53] como dizem que foi outrora. E o limite é conforme a própria natureza do assunto, que é sempre o maior até que seja bem claro, e é o mais belo conforme a sua extensão; para simplesmente definir e dizer que, na medida da sua extensão, acontecendo uma ação após a outra, conforme a verossimilhança e a necessidade, a tragédia resulta em mudar para a boa sorte da má sorte ou da boa sorte para a má sorte, é o limite (15) suficiente da sua extensão.

VIII

46. E enredo é uma unidade, não por ser sobre uma única personagem, como alguns pensam; pois muitos e infinitos fatos acontecem em uma única existência, entre os quais não há nenhuma unidade; assim também muitas são as ações de um único, entre as quais nenhuma ação se torna uma.

47. Por isso, todos parecem (20) errar quanto aos poetas que compuseram a *Heracleida*,[54] a *Teseida*,[55] também quanto aos poemas de semelhante natureza; pois pensam, visto que Héracles[56] era um único, que um só também seria conveniente que fosse o seu enredo.

48. Mas Homero, como também quanto a outras coisas se distingue, parece que viu bem isso, quer pela arte, quer pela natureza; pois, quando compôs a *Odisseia*, não teceu uma narrativa de todos os acontecimentos ocorridos com Odisseu,[57] por exemplo, ao ser ferido no Parnaso[58] ou haver fingido loucura no momento da reunião do exército,[59] nenhuma dessas teria acontecido porque uma era necessária ou porque outra era verossímil acontecer, mas em torno de uma única ação, como falamos, compôs a *Odisseia*, do mesmo modo, também a (30) *Ilíada*.

49. Então, é preciso que, como também nas demais artes miméticas, uma única imitação seja de um único assunto, assim também o enredo, visto que é a imitação de uma ação, e é própria de uma única e essa é completa, e as suas partes dos acontecimentos estejam ordenadas assim, de modo que, se forem alteradas ou deslocadas em uma parte, rompem e disturbam o todo; pois o que está presente (35) ou não está presente não o torna perceptível, não é uma parte do todo.

IX

50. É evidente que esse trabalho do poeta, pelo que foi dito, não é narrar o que aconteceu, mas o que poderia ter acontecido e as coisas possíveis conforme a verossimilhança e a necessidade. Pois o historiador e o poeta não se diferem por narrar acontecimentos em versos ou em prosa (pois se poderia colocar em versos os livros de Heródoto[60] e não seriam menos uma história em verso que em prosa); mas por isto diferem, por um narrar as coisas (5) ocorridas e o outro, as que poderiam acontecer. Por isso também, a poesia é algo mais filosófico e sério que a história; pois a poesia é mais sobre os acontecimentos em geral, enquanto a história narra os acontecimentos particulares. Um acontecimento universal ocorre quando alguém diz ou faz alguma coisa, conforme a verossimilhança e a necessidade, de acordo como a poesia atribui os nomes das personagens. O particular é aquilo que Alcibíades fez ou o que lhe sucedeu.

51. Então, a respeito da comédia isso já se tornou claro; pois, após comporem o enredo por meio das verossimilhanças, depois colocam os nomes que lhes ocorrem nas personagens, e não como os poetas iâmbicos, que compõem a respeito (15) de pessoas em particular.

52. Mas, na tragédia, eles mantêm os nomes já existentes. E a causa disso é que o possível é convincente; então, umas coisas que ainda não aconteceram não acreditamos que sejam possíveis, outras coisas que aconteceram é evidente que são possíveis; pois não poderiam ter acontecido se não fossem possíveis.

53. Mas não há dúvida de que também em algumas tragédias um (20) ou dois estão entre nomes conhecidos, mas os demais foram criados, em outras nenhum [é conhecido], por exemplo, em *Anteu*,[61] de Agatão;[62] pois, do mesmo modo, nessa peça, os nomes e os acontecimentos são criados, mas não são menos encantadores. De modo que não se deve buscar completamente os enredos transmitidos, em torno dos quais as tragédias estão, (25) mas mantê-los. Pois é ridículo buscar isso, uma vez que também os acontecimentos conhecidos são conhecidos por poucos, mas igualmente encantam a todos.

54. Então, por isso é evidente que o poeta deve ser mais criador de enredos que de metros, visto que é poeta pela imitação, e imita as ações. E ainda que lhe aconteça de compor sobre os (30) acontecimentos, em nada é menos poeta; pois o fato de serem acontecimentos não impedem que haja verossimilhança e sejam coisas possíveis, e conforme isso o poeta seja o criador dos acontecimentos.

55. Entre os enredos e ações simples, os episódicos são os piores; e digo que são episódicos quando o enredo no qual os episódios (35), um depois do outro, não acontecem por verossimilhança nem por necessidade. E coisas semelhantes são compostas por poetas inferiores, por culpa deles mesmos, e pelos bons poetas, por causa dos atores; pois eles compõem as declamações tendendo a levar seu enredo contra o que é possível e (**1452a**) muitas vezes são obrigados a distorcê-lo de modo contínuo.

56. Visto que não somente a imitação é de uma ação completa, mas também de casos que despertam temor e piedade, esses nascem principalmente quando se tornam contra a expectativa umas por causa das outras; pois assim terá algo que é (5) mais espantoso que se viessem por efeito do acaso e pela sorte, visto que também, dentre os acontecimentos da sorte, esses são mais maravilhosos que os que parecem acontecer de propósito, por exemplo, como a estátua de Mítis[63] em Argos,[64] por ter matado o culpado pela morte de Mítis, caindo sobre este enquanto ele a olhava; pois parece que acontecimentos semelhantes (10) não ocorrem ao acaso; de modo que esses são necessariamente os mais belos enredos.

X

57. E, entre os enredos, uns são mais simples e outros são mais complexos; pois também as ações são imitações deles, os enredos logo são úteis para ações semelhantes.

58. Digo que é ação simples quando (15) ela, como foi definido, é contínua e una, e a mudança da sorte ocorre sem peripécia ou reconhecimento, e a complexa, aquela em que a mudança da sorte ocorre com reconhecimento ou peripécia, ou com ambos.

59. Esses elementos devem surgir da própria composição do enredo, de modo que se realizem a partir dos acontecimentos anteriores (20) ou que esses ocorram pela necessidade ou pela verossimilhança; pois em muito diferem os acontecimentos que ocorrem por causa de outros dos que ocorrem depois de outros.

XI

60. E peripécia é a mudança para o contrário das ações, como já foi dito, e isso, como dizemos, conforme a verossimilhança e a necessidade, como, por exemplo, no Édipo,[65] quando o arauto veio para alegrar Édipo[66] e libertá-lo do temor com relação à sua mãe, ao lhe ser revelado quem ele era, fez o contrário; ainda em *Linceu*,[67] quando o trazem para que seja morto, e Dânao[68] o acompanha para matá-lo, por causa dos acontecimentos, ocorreu de este morrer e aquele sobreviver.[69]

61. E reconhecimento, como o nome indica, é a mudança da ignorância para o conhecimento, ou para a amizade ou para a inimizade dos que estão destinados à boa ou à má sorte;

62. e o mais belo reconhecimento é quando ele ocorre juntamente com a peripécia, por exemplo, o reconhecimento que há em Édipo. E há também outros reconhecimentos;

há ainda os que ocorrem por meio de objetos inanimados e (35) e de coisas comuns que acontecem, como foi dito, e também é possível reconhecer se alguém praticou uma ação ou não. Mas o melhor reconhecimento do enredo e o melhor da ação é o que já foi dito; pois o reconhecimento dessa espécie e a peripécia terão piedade (**1452b**) e temor (já foi proposto que a tragédia é a imitação de tais ações), depois a ausência de sorte e a boa sorte resultarão em ações semelhantes.

63. Visto que o reconhecimento é o reconhecimento de alguns, há somente de um com relação a outro, quando se revela quem é (5) um dos dois, e quando ambos devem reconhecer um ao outro; por exemplo, o caso de Ifigênia,[70] que foi reconhecida por Orestes[71] pelo envio de uma carta,[72] mas para Ifigênia reconhecê-lo foi preciso de outro tipo de reconhecimento.

64. Então, há duas partes do enredo que são a peripécia (10) e o reconhecimento; e a terceira é o patético. Desses, a peripécia e o reconhecimento já foram explicados, e o patético é uma ação destruidora e dolorosa, por exemplo, as mortes em cena, as dores intensas, ferimentos e outras coisas análogas.

XII

65. Já falamos anteriormente sobre as partes da tragédia, quais se deve usar (10) como elementos essenciais; mas, segundo sua quantidade, as partes distintas são as seguintes: prólogo, episódio, exôdo e parte coral, e, desta, uma parte é o párodo e a outra é o estásimo. Essas partes são comuns a todas as tragédias, e são peculiares a algumas os cantos da cena e os cantos de luto.

66. E o prólogo é uma parte completa da tragédia que vem antes do párodo (20) do coro; o episódio é uma parte completa da tragédia entre os cantos corais completos, e o êxodo é uma parte completa da tragédia, depois dela não há canto do coro; da parte coral, o párodo é a primeira expressão de todo o coro; o estásimo é um canto do coro sem anapesto[73] nem troqueu,[74] e o canto de luto é uma lamentação comum ao coro e (25) da cena.[75]

67. E sobre as partes da tragédia, quais se deve usar como elementos essenciais, já falamos anteriormente, segundo a sua quantidade, e as partes distintas são essas.

XIII

68. Dos assuntos que os compositores de enredos devem ter como objetivo e o que devem evitar, para obter uma obra própria de tragédia, é o que se deve dizer em seguida sobre os elementos que já foram ditos.

69. Visto que então a composição da mais bela das tragédias não deve ser simples, mas complexa, e essa imitação deve ser de ações que despertem temor e piedade (pois isso é peculiar de uma imitação dessa natureza), em primeiro lugar é evidente que nem os homens comedidos devem (35) mostrar-se mudando da boa sorte para a má sorte, pois isso não é algo que desperta o temor nem a piedade, mas é algo que causa repugnância; nem os perversos de uma situação sem sorte para uma com boa sorte, pois essa é a ação menos trágica de todas, não há nada dos elementos que deve haver em uma tragédia, é uma ação que não desperta um sentimento de humanidade (**1453a**) nem piedade nem temor; nem, por sua vez, alguém que seja profundamente perverso sair da boa sorte para cair na má sorte; pois uma composição dessa natureza poderia provocar algum sentimento de humanidade, mas não piedade nem temor, pois o primeiro diz respeito de quem não é digno de estar em má sorte, e o outro (5) é sobre o nosso semelhante, a piedade é relativa ao que não merece, enquanto o temor é para o nosso semelhante, de

modo que esse tipo de acontecimento não despertará nem piedade nem temor.

70. Então, resta dessas ações a intermediária. Há uma ação de natureza tal que aquele que não se difere nem pela virtude nem pelo senso de justiça, que não muda para a má sorte nem pelo vício nem pela perversidade, mas por (10) um erro, quando está em um momento de grande reputação e boa sorte, por exemplo, Édipo[76] e Tiestes[77] e os homens ilustres provenientes de estirpes dessa natureza.

71. É então necessário que um belo enredo seja mais simples que duplo, como alguns dizem, e não mudar de uma situação de boa sorte para uma de má sorte, mas o contrário (15), da boa sorte para a má sorte, não por uma perversidade, mas por um grande erro ou de alguém de quem já se falou, uma pessoa mais propensa ao melhor que ao pior. Uma prova disso é o que acontece; pois outrora os poetas versificavam os enredos que apareciam, mas agora as mais belas tragédias são compostas em torno de poucas famílias, por exemplo, (20) sobre Alcmêon,[78] Édipo,[79] Orestes,[80] Meleagro,[81] Tiestes, Télefo,[82] e quantos outros que sofreram ou fizeram coisas terríveis.

72. A mais bela tragédia então, de acordo com a arte, é a que parte dessa composição. Por isso também cometem o mesmo erro os que censuram Eurípides[83] porque (25) fez isso em suas tragédias e a maioria delas termina em uma situação de má sorte. Pois isso é correto, como já foi dito; uma grande prova disso: na cena e nos concursos tais peças se mostram as mais trágicas, quando conduzidas satisfatoriamente, e Eurípides, ainda que não administre bem as demais coisas, se mostra certamente o mais (30) trágico dos poetas.

73. Em segundo lugar, embora seja proclamada a primeira por alguns, é a composição, a que tem a dupla composição, como a *Odisseia*, e termina de modo contrário para os melhores e os piores. Mas parece que é a primeira pela fraqueza dos espectadores; pois os poetas os seguem, conforme (35) seu desejo, quando compõem para os seus espectadores. Mas não é esse o prazer próprio da tragédia, porém é o mais apropriado para a comédia; pois aqui os que são mais inimigos no enredo, por exemplo, Orestes e Egisto,[84] tornam-se amigos no final, vão embora e ninguém morre pelas mãos do outro.

XIV

74. (1453b) Há então temor e piedade que se originam do espetáculo, há ainda os que são provenientes da própria composição das ações, que é próprio do primeiro e melhor poeta. Pois o enredo assim deve ser composto, de modo que, ainda que sem olhar, aquele (5) que está ouvindo os fatos que estão acontecendo também trema e se apiede pelo que está ocorrendo; aquilo que alguém sentiria se escutasse o enredo de Édipo. Mas produzir isso por causa do espetáculo é mais feito sem arte e são necessários gastos.

75. Aqueles que não produzem um espetáculo, mas somente o que é monstruoso, (10) nada têm em comum com a tragédia; pois não se deve buscar qualquer prazer de uma tragédia, mas o que lhe é próprio. Visto que o poeta deve produzir o prazer vindo da piedade e do temor pela imitação, é evidente que isso deve ser inserido nos acontecimentos.

76. Então, devemos compreender quais acontecimentos se mostram terríveis ou quais são dignos de piedade (15) dentre os que sobrevêm ao mesmo tempo.

77. É necessário que ações dessa natureza ocorram uns com os outros, ou entre amigos, ou entre inimigos ou entre os que não são nem um nem outro. Então, se um inimigo é contra seu inimigo, não provoca piedade nem quando age nem quando está para agir, exceto pelo sofrimento em si; nem quando não são nem um nem outro; mas quando os sofrimentos acontecem nas relações de amizade, (20) por

exemplo, ou um irmão mata ou tem a intenção de matar um irmão, ou um filho, o pai, ou uma mãe, um filho, ou um filho, a mãe, ou de fazer qualquer outra coisa dessa natureza, isso deve ser investigado.

78. Então, não se pode romper os enredos herdados da tradição, digo, por exemplo, Clitemnestra[85] foi assassinada por Orestes, e Erífile,[86] por Alcmêon, (25) mas ele mesmo deve inventar e ainda utilizar bem os enredos recebidos. E o que afirmamos que é algo bem inventado e utilizado devemos dizer de um modo mais claro.

79. Pois assim é possível que a ação aconteça, como os antigos compunham, sabendo e conhecendo a respeito de suas personagens, como também Eurípides compôs Medeia assassinando seus filhos; mas é possível (30) atuar e ignorar a prática de algo terrível, e mais tarde reconhecer a relação de parentesco, como o Édipo de Sófocles; então, isso está fora do drama, mas está na própria tragédia, por exemplo, o Alcmêon de Astídamas[87] ou Telégono[88] em *Odisseu Ferido*.[89] Ainda há uma terceira possibilidade que está além dessas que é quando se está prestes (35) a fazer algo irreparável por ignorância e se o reconhece antes de agir. E além desses não há outro modo possível. Pois é necessário ou agir ou não, mesmo sabendo ou não sabendo.

80. Dessas possibilidades, o pior é o que conhece e está prestes a agir e não age; pois tem algo de repugnante, e não de trágico; pois é sem o patético. Por isso ninguém (**1454a**) age de modo semelhante, a não ser poucas vezes, por exemplo, Hêmon[90] com relação a Creonte[91] em *Antígona*.[92] Agir vem em segundo lugar. É melhor que aquele que ignora aja e que, depois de ter agido, ele a reconheça; pois o que é repugnante não se apresenta e o reconhecimento é surpreendente. Mas a melhor (5) é a última, digo, por exemplo, em *Cresfonte*,[93] Mérope[94] está prestes a matar o seu filho, e não o matou, mas o reconheceu, também em *Ifigênia* em que a irmã está a ponto de matar o irmão, e em

Hele,[95] na qual o filho, quando estava prestes a entregar a mãe, ele a reconheceu.

81. Por isso, como já foi dito, as tragédias não são (10) a respeito de muitas famílias. Pois, procurando não por arte, mas por sorte, descobriram algo semelhante para produzir nos enredos; então, são obrigados a ir sobre essas famílias nas quais aconteceram todos esses tipos de sofrimentos.

82. Sobre a composição dos acontecimentos e de que certa qualidade devem ser os enredos, já foi suficientemente falado.

XV

83. E, com relação aos caracteres, há quatro coisas que se deve ter como objetivo; a primeira e a principal é que sejam bons. E terá caráter, como foi dito, quando as palavras e as ações manifestam seu propósito, seja qual for, e será bom se o propósito for bom. E isso é possível (20) em cada tipo de pessoa; pois pode haver uma mulher boa, e um escravo, com igualdade entre eles, mas aquela é inferior e esse em geral é insignificante.

84. A segunda é a adequação; pois é possível que um caráter seja corajoso, mas não é adequado a uma mulher ser corajosa ou temível.

85. A terceira é a semelhança. Pois essa é diferente de (25) ser boa e de ser adequada, como já foi dito.

86. A quarta é a consistência. Pois, ainda que a personagem a ser imitada seja alguém inconsistente e que se estime tal caráter, do mesmo modo, deve ser consistentemente inconsistente.

87. Há um paradigma de perversidade do caráter, que não é necessário, por exemplo, o Menelau,[96] em *Orestes*,[97] de inconveniente e inadequado, a lamentação de Odisseu em *Cila*[98] e o discurso de Melanipe,[99] e de um inconsistente, a Ifigênia em Áulis; pois em nada se parece a que está suplicante com a do final.

88. É preciso sempre procurar ou o que é necessário ou o verossímil nos caracteres, do mesmo modo, como na composição dos acontecimentos, (35) de maneira a tal personagem dizer ou praticar coisas semelhantes por ser ou necessário ou verossímil, e o que vier depois disso também precisa ser ou necessário ou verossímil.

89. Então, é evidente que os desenlaces dos enredos, por si mesmos, devem (**1454b**) derivar do enredo, mas não, como na *Medeia*, de uma máquina[100] e na *Ilíada*, a respeito das naus que zarparam. Mas a máquina deve ser utilizada nos acontecimentos que estão fora do drama, ou nos do passado, os que o homem não é capaz de saber, ou nos do futuro, que (5) necessitam de predição e de anunciação; pois atribuímos aos deuses ver tudo. Mas não há nada de irracional nos acontecimentos, a não ser que estejam fora da tragédia, como no Édipo, de Sófocles.

90. Visto que a tragédia é uma imitação de homens melhores que nós, deve-se seguir o exemplo dos bons pintores de retratos; (10) pois também eles reproduzem a própria forma, tornando-os semelhantes, pintam-nos mais belos; assim também, o poeta quando imita os irascíveis e os fracos, e com outras características análogas, embora sendo como tais, deve torná-los bons, um paradigma de rudeza de caráter, por exemplo, é Aquiles, (15) tornado bom por Homero.

91. De fato, é preciso observar essas coisas, e, além dessas, as relativas às sensações que necessariamente acompanham a arte poética; pois também, quanto a elas, é possível errar muitas vezes; mas já foi suficientemente dito a respeito disso nos tratados publicados.[101]

XVI

92. O que é reconhecimento já foi dito antes; mas, quanto às espécies (20) de reconhecimento,

93. a primeira é a menos artística e a que mais os poetas utilizam, pela dificuldade de compor, é a espécie de reconhecimento feita por sinais. Dentre esses, uns são partes naturais, por exemplo, "a lança que levam sobre si os filhos de Geia"[102] ou as estrelas, tais no *Tiestes*, de Cárcino,[103] outros são adquiridos, dos quais uns estão no corpo, como as cicatrizes, e outros estão fora dele, como os (25) colares, por exemplo, no *Tiro*[104] pelo cesto.[105] Ainda é possível utilizar esses sinais de modo melhor ou pior; por exemplo, Odisseu foi reconhecido de um modo, por uma cicatriz, pela sua ama-de-leite, e de outro modo pelos porqueiros; pois são os feitos sem arte, pela confiança, e todos os semelhantes a esses, uns vêm do reconhecimento, como (30) o no *Banho*,[106] os melhores.

94. A segunda espécie são os concebidos pelo poeta, por isso feitos sem arte. Por exemplo, Orestes, na *Ifigênia*, que deu a reconhecer que era Orestes; pois ela foi reconhecida por uma carta, enquanto ele mesmo diz o que quer o poeta, mas (35) não o que o enredo pede; por isso é algo próximo do erro que já foi mencionado, pois também teria sido possível a Orestes ter portado alguns sinais. Também no *Tereu*,[107] de Sófocles, a voz da lançadeira.

95. A terceira espécie de reconhecimento é pela memória, quando alguém percebe (**1455a**) algo porque já o viu, como nos *Cíprios*,[108] de Diceógenes,[109] pois, quando viu uma pintura, chorou, também o [Odisseu] na narrativa a Alcínoo,[110] ao ouvir o citarista e se lembrar dos fatos, chorou, por isso eles o reconheceram.[111]

96. A quarta espécie de reconhecimento é o do silogismo, por exemplo, nas *Coéforas*,[112] (5) que alguém semelhante a mim chegou, mas ninguém é semelhante a mim senão Orestes, logo esse que chegou é Orestes. Também o do sofista Políido[113] a respeito de Ifigênia; pois era verossímil que Orestes inferisse que se sua irmã havia sido assassinada também lhe ocorreria de ser morto. Ainda no *Tideu*,[114] de Teodectes;[115] que, quando chegou para resgatar o seu filho, ele mesmo (10) pereceu. Também o nas *Fineidas*;[116] pois, quando elas viram o lugar, inferiram que ali era o seu destino que naquele mesmo lugar estava o destino delas de morrer, pois também ali haviam sido expostas.

97. E há também o reconhecimento composto a partir do paralogismo do espectador, por exemplo, no *Odisseu, Falso Mensageiro*;[117] pois é Odisseu quem inclina o arco, e nenhum outro homem, isso é uma criação do poeta e uma hipótese, ainda que Odisseu tenha dito que reconheceria o seu arco, mesmo se não o visse; (15) e conceber que por isso ele seria reconhecido, é um paralogismo.

98. De todos, o melhor reconhecimento é o que provém dos próprios acontecimentos, quando a surpresa se origina por acontecimentos verossímeis, por exemplo, no *Édipo*, de Sófocles, e na *Ifigênia*; pois é verossímil que ela quisesse enviar uma carta. Os reconhecimentos dessa natureza são os únicos (20) sem sinais inventados e colares. Em segundo lugar, estão os reconhecimentos que provém do silogismo.

XVII

99. Os mitos devem ser compostos e completados pela elocução, o máximo possível colocando-os diante dos seus olhos; pois assim, vendo-os do modo mais claro, como se estivesse na presença daqueles (25) que praticam as ações, poderá inventar o que é conveniente e nada lhe escapará para que haja incongruências. Uma prova disso é o que se criticava em Cárcino. Pois Anfiarau saía do tempo, o que passava despercebido ao poeta porque não tinha o olhar de um espectador, fracassou nessa cena, e os espectadores se indignaram contra isso.

100. Na medida do possível, completando as atitudes (30) das personagens; pois os mais persuasivos, pela mesma natureza, são os inseridos nas paixões das suas personagens, e o mais verdadeiramente agita o que está agitando-se e hostiliza o que está irado. Por isso, a arte poética é própria do engenhoso ou do inspirado; pois, entre eles, uns são flexíveis e os outros, arrebatados.

101. Com relação aos argumentos, tanto os já compostos (**1455b**) como os que o próprio poeta ainda compõe, ele deve expo-los no geral, bem como os episódios e depois desenrolá-los.

102. E digo que assim poderia ser considerado em geral, por exemplo, de *Ifigênia*; uma virgem que, enquanto estava sendo sacrificada, desapareceu secretamente para os sacrificadores, foi estabelecida em uma terra (5) estrangeira, na qual havia uma lei para que os estrangeiros fossem sacrificados à deusa, e ela obteve a função de sacerdotisa. Passado um tempo, ocorreu de seu irmão vir ao seu santuário, mas porque o deus o havia ordenado a ir até lá, por algum motivo alheio ao enredo; após ter chegado, foi capturado, e, quando estava prestes a ser sacrificado, ele se fez reconhecer, quer como Eurípides, (10) quer como Políido inventou, conforme é verossímil, ele disse assim que não somente sua irmã, mas também ele mesmo deveria ser sacrificado, e daqui veio a sua salvação.

103. Depois disso, já dados nomes às personagens, introduzir-se os episódios; mas cuidando para que os episódios sejam apropriados, por exemplo, no caso de Orestes, a loucura pela qual foi capturado e a (15) salvação pela catarse.

104. Então, nos dramas os episódios são breves, mas a epopeia os prolonga. Pois o argumento da *Odisseia* não é extenso; alguém que esteve em viagem no exterior durante muitos anos, vigiado de perto por Posídon e solitário, e, além disso, com tantos pretendentes em sua casa, de modo a (20) suas riquezas serem consumidas por eles e tramarem contra o seu filho, para onde ele retorna após ter sido atingido por tempestades, e dá-se a reconhecer a alguns, atacando os inimigos, mata-os e salva a si mesmo. Isso é o próprio então é isso, enquanto o resto são episódios.

XVIII

105. É típico de toda tragédia haver o nó e o desenlace. Os acontecimentos (25) que estão fora e alguns que estão dentro muitas vezes são o nó, e o resto é o desenlace; digo que o nó é o que está desde o início até a parte que é o seu limite, a partir do qual ocorre a mudança para a boa sorte ou para a má sorte; e que o desenlance é a parte que vai desde o início da mudança até o fim; como no *Linceu*, de Teodectes, (30) o nó são as ações realizadas antes da peça, o rapto da criança, e novamente suas, **[118] e o desenlace vai desde a acusação de assassinato até o fim.

106. As espécies de tragédia são quatro (pois já foi dito que tal quantidade também são as suas partes): a complexa que na sua totalidade é composta por peripécia e reconhecimento; a patética, por exemplo, nos (**1456a**) *Ajazes*[119] e nos *Ixíones*; a que é de caracteres, por exemplo, as *Ftiótides*[120] e o *Peleu*;[121] e a quarta espécie,**[122] por exemplo, as *Fórcides*[123] e o *Prometeu,*[124] e quantas têm acontecimentos no Hades.[125]

107. Então, deve haver mais empenho dos poetas para que tenham todos esses elementos, e se não, pelo menos os mais importantes e o maior número possível, aliás, (5) como hoje, criticam severamente os poetas; pois, porque houve bons poetas em cada parte, exigem que um único os ultrapasse na habilidade própria de cada um. Em nada é justo dizer que uma tragédia é diferente ou igual a outra a não ser pelo enredo; isso acontece quando dentro delas há a mesma intriga e o mesmo desenlace. E há muitos que tramam bem as intrigas, (10) mas que as desenlaçam mal; porém ambas as habilidades devem ser perfeitamente ajustadas.

108. É preciso lembrar, como já foi dito muitas vezes, de não tornar uma composição de poesia épica em uma tragédia — e digo que é uma composição aquilo que tem muitos enredos — por exemplo, se alguém compusesse um enredo inteiro da *Ilíada*. Pois, lá, pela extensão, as partes recebem a dimensão conveniente, mas, nos (15) dramas, resulta em algo muito contra o seu conceito. Uma prova disso é quantos compuseram sobre a ruína inteira de Troia e não uma parte, como Eurípides, ou a inteira de Níobe,[126] não como Ésquilo, ou fracassaram ou competiram mal nos concursos, visto que também Agatão fracassou somente nisso.

109. Mas, nas peripécias e nas ações simples, os poetas atingem o que querem admiravelmente; pois isso é o sentimento trágico e o de humanidade. E isso é quando um homem hábil, provido de perversidade, é enganado, como Sísifo,[127] e o corajoso, mas injusto, é vencido. Isso é verossímil, como diz Agatão, pois é verossímil que muitas coisas aconteçam (25) mesmo contra o que é verossímil.

110. O coro deve ser considerado um dos atores, também ser parte do todo e estar unido à ação, não como em Eurípides, mas como em Sófocles. E, nos restantes, as partes cantadas são nada mais do que partes do enredo e também de outra tragédia; por isso cantam interlúdios musicais, e Agatão foi o primeiro (30) a começar com isso. Todavia, que diferença há entre cantar interlúdios musicais ou adaptar uma passagem ou um episódio inteiro de uma tragédia para outra?

XIX

111. A respeito das outras partes já foi dito, mas resta falar sobre a elocução e o pensamento.
112. Então, os assuntos sobre o pensamento (35) sejam assentados nos livros sobre retórica; pois isso é mais próprio daquele plano metódico. É conforme o pensamento tudo

quanto deve ser produzido pelo discurso. São partes disso a demonstração, a refutação, a predisposição às paixões (por exemplo, (**1456b**) piedade, ou temor, ou cólera e outros sentimentos semelhantes) e, além disso, a elevação e a diminuição.

113. É evidente que também estão nos acontecimentos que devemos utilizar a partir dessas mesmas formas, quando se deve preparar sentimentos de piedade, ou terror, grandeza ou verossimilhança; exceto que é (5) diferente porque uns aqui [poesia] devem aparecer sem ensinamentos, enquanto outros lá [retórica] são preparados no discurso por quem está discursando e são gerados direcionados ao seu discurso. Pois qual seria a realização do orador, se parecesse em si o que é necessário e não pelo seu discurso?

114. Entre os assuntos relativos à elocução, há uma espécie de teoria que são as formas de elocução, (10) que é possível conhecer o ator e o que tem a tal arte de um mestre dela, por exemplo, o que é uma ordem ou uma súplica, uma narração, uma ameaça, uma pergunta, uma resposta e ainda qualquer outra coisa análoga.

115. Pois, com relação ao conhecimento ou à ignorância dessas coisas, não cabe nenhuma censura ao poeta que algo digno de (15) seriedade. Pois, por que alguém poderia considerar que cometeu um erro o que Protágoras[128] censura [em Homero], porque suplica, pensando que está ordenando ao dizer "canta, deusa, a ira";[129] pois o ato de ordenar, ele diz, a fazer ou não fazer algo é uma ordem. Por isso, deixe de lado essa observação, porque é própria de outra, não da arte poética.

XX

116. (20) As partes de toda elocução são as seguintes: letra, sílaba, conjunção, nome, verbo, artigo, flexão e expressão.

117. Então, a letra é um som indivisível, não qualquer um, mas daquele que por natureza se origina uma composição; pois também os sons dos animais são indivisíveis, e não digo que nenhum deles seja uma letra. (25)

118. Estas são as partes [das letras]: a vogal, a semivogal e a muda. A vogal é essa que é sem atrito,[130] tendo um som audível, e a semivogal é acompanhada de atrito tendo um som audível, por exemplo, o Σ (sigma) e o P (rô),[131] e a muda é acompanhada de atrito e não tem em si nenhum som, mas com (30) as que têm algum som torna-se audível, por exemplo, o Γ (gama) e o Δ (delta).[132] Essas diferem pelas posições da boca, pelos lugares em que há o atrito, pelas aspirações, pelas longas e breves, e, além disso, pelas agudas e graves, e pela que está no meio delas; sobre cada uma delas convém teorizar nos livros sobre as questões métricas.

119. E sílaba é um som sem sinais distintivos, composto de uma muda e que tem som; pois também o ΓP (gama-rô),[133] sem o A (alfa),[134] é uma sílaba, mas com o A, forma, por exemplo, ΓPA.[135] Mas também a consideração sobre as diferenciações desses elementos é própria da métrica.

120. E conjunção é um som sem sinais distintivos que não (**1457a**) impede nem produz um único som significativo por natureza para ser composto a partir de muitos sons, tanto nos seus extremos como no meio, que não se ajusta no início de uma frase e se coloca por si mesma, por exemplo, μέν (*mén*),[136] ἤτοι (etoi),[137] δέ (*dè*).[138] Ou é um som sem sinais distintivos ou a partir de muitos sons (5) produz por natureza um único som significativo. E o artigo é um som sem sinais distintivos que indica ou início, ou término, ou a divisão de uma frase. Por exemplo, o ἀμφί(*amphí*)[139] o περί (*perí*)[140] e outras da mesma natureza. Ou é um som sem sinais distintivos ou não impede por natureza de se colocar um único som significativo, tanto (10) nos extremos como no meio.

121. E nome é um som significativo, sem noção de tempo, do qual não há nenhuma parte significativa por si mesma; pois nos nomes duplos não utilizamos como se também ela por si mesma tivesse um significado, por exemplo, no nome Θεόδωρος (*Theódōros*)[141], o δωρος (*dōros*) não tem significado.

122. E o verbo é um som composto, significativo, com noção de tempo, do qual nenhuma parte é significativa por si mesma, como também nos nomes; pois "homem" ou "branco" não significam o quando, mas o "anda" ou o "andou" significa em acréscimo que um se refere ao tempo presente e o outro ao passado.

123. E a flexão é própria de um nome ou de um verbo, uma que significa uma relação de τουτου (*toútou*) "deste" ou τουτω (*toútōi*) "a este" (20) e quantas forem análogas, e a outra que significa uma relação de singular ou de plural, por exemplo, ἄνθρωποι (*ánthrōpoi*) "homens" ou ἄνθρωπος (*ánthrōpos*) "homem"; e ainda outra com relação aos assuntos da arte do ator, por exemplo, conforme sua pergunta ou ordem. Pois ἐβάδισεν (*ebádisen*) "andou"? Ou βάδιζε (*bádize*) "anda" são flexões do verbo, conforme são essas espécies.

124. E a expressão é um som composto, significativo, do qual há algumas partes que em si mesmas significam algo (pois não é (25) toda expressão que é formada de verbos e nomes, por exemplo, a definição de homem, mas é possível haver uma expressão sem verbo, todavia uma parte sempre terá uma parte significativa), por exemplo, em βαδίζει Κλέων (*badízei Kléōn*) "Cléon[142] anda", é "Cléon". E é possível que uma expressão seja una de dois modos, ou porque sinaliza uma única coisa, ou pela junção de um grande número delas, por exemplo, a *Ilíada* é (30) una por essa junção de muitas e a definição de homem, por significar uma única coisa.

XXI

125. E quanto às espécies de um nome, uma é simples, e digo que é simples a que não é formada a partir de palavras significativas, por exemplo, γῆ (*ge*) "terra", e a outra é a dupla; uma é formada por essa que é significativa e pela que é sem significado, exceto se a parte significativa e a sem singnificado não estiverem no nome, e a outra é formada das partes que são significativas. E pode haver também nomes triplos, quádruplos e múltiplos, por exemplo, a maioria dos nomes dos massaliotas,[143] (**1457b**) Ερμοκαϊκόξανθος (*Hermokaïkóxanthos*).[144] **[145]

126. Todo nome é uma palavra de uso corrente, ou um empréstimo linguístico, ou uma metáfora, ou um adorno, ou inventado, ou alongado, ou abreviado, ou modificado.

127. E digo que uma palavra de uso corrente é a que cada um de nós utiliza, e um empréstimo linguístico é o que os outros usam; de modo que é evidente que também (5) é possível que o mesmo nome seja uma palavra de uso corrente e um empréstimo linguístico, mas não para os mesmos indivíduos; pois σιγυνον (*sígynon*)[146] é uma palavra de uso corrente para os cíprios, enquanto para nós é um empréstimo linguístico.

128. E que uma metáfora é a transferência de um nome que pertence ao outro, ou de um gênero para uma espécie, ou da espécie para o gênero, ou de uma espécie para outra, ou conforme a analogia.

129. E digo que é a transferência de um gênero para (10) uma espécie é, por exemplo, "minha nau já está parada";[147] pois o ὁρμεῖν (*hormeîn*) "ancorar" é de certo modo ἑστάναι (*hestánai*) "parar". E a transferência da espécie para o gênero é "certamente, Odisseu realizou incontáveis nobres feitos";[148] pois μυρίον (*mypíon*) "inumeráveis" é de certo modo πολύ (*polý*) "muito", e utiliza esse agora em lugar de "muito". E a transferência de uma espécie para outra é, por exemplo, "tendo arrebatado sua vida com o bronze"[149] e "ceifando com o afiado bronze";[150] pois aqui ele afirmou ἀρύσαι (*arýsai*) "arrebatar" em lugar de ταμεῖν (*tameîn*) "ceifar", enquanto lá "ceifar" em lugar de "arrebatar"; pois ambas as palavras são de certo modo ἀφελεῖν (*apheleîn*) "tirar".

130. E digo que é analogia, quando o segundo termo está igualmente para o primeiro e o quarto para o terceiro; pois [o poeta] dirá o quarto em vez do segundo ou o segundo em vez do quarto. E algumas vezes [os poetas] acrescentam, em vez (20) daquilo que afirmam, o que é possível dizer. E digo, por exemplo, a φιάλην (*phiálēn*) "taça" está igualmente para Διόνυσον (Diónyson) "Dioniso"[151] e o ἀσπὶς (*aspìs*) "escudo" para Αρη (Ārē) "Ares";[152] e [o poeta] dirá assim que a taça é "o escudo de Dioniso"[153] e que o escudo é "a taça de Ares".[154] Ou o que é a velhice para a vida, e a tarde para o dia; dirá assim que a tarde é "a velhice do dia",[155] ou, como Empédocles, que a velhice é "a tarde da vida"[156] (25) ou que é "o ocaso da vida".[157] E para alguns não há um nome entre eles para que seja estabelecida a analogia, mas em nada inferior será dito de modo semelhante; por exemplo, "lançar a semente"[158] é σπείρειν (*speíren*) "semear", porém a luz proveniente do Sol não tem nome; mas isso com relação ao Sol é semelhante à relação de semear com a semente, por isso se diz "semeando a luz criada pela (30) divindade".[159] E também de outra maneira é possível utilizar esse modo de metáfora, designando o nome que pertence a outro e negando-lhe algo das coisas que lhe são próprias, por exemplo, se se dissesse para o escudo "taça", não "de Ares", mas ἄοινον (*áoinon*) "sem vinho".

131. **[160]

132. E o nome inventado é o que, por não ser absolutamente proferido por ninguém, o próprio poeta o estabelece, pois parece que alguns são dessa mesma natureza, (35) por exemplo, ἔρνυγας (*érnygas*)[161] para se referir a "chifres" e ἀρῆτηρα (*arētera*)[162] para "sacerdote".

133. E o que é alongado (**1458a**) ou abreviado, no primeiro caso, se utiliza uma vogal mais longa que a sua própria ou uma sílaba adicional; no segundo caso, se é subtraído algo dele; um nome alongado, por exemplo, πόλεως (*póleōs*) por πόληος (*pólēos*)¹⁶³ e Πηλείδου (*Pēleídou*) por Πηληίαδεω¹⁶⁴ (*Pēlēiádeō*);¹⁶⁵ e um nome abreviado, por exemplo, (5) κρῖ (*krî*),¹⁶⁶ δῶ (*dô*)¹⁶⁷ e "μία γίνεται ἀμφοτέρων ὄψ" (*mía gínetai amphotérōn óps*).¹⁶⁸

134. E um nome modificado é quando se conserva uma parte e se muda outra, por exemplo, "δεξιτερὸν κατὰ μαζόν" (*dexiteròn katà mazón*)¹⁶⁹ em vez de δεξιόν (*dexión*).¹⁷⁰

135. Dos nomes em si mesmos, uns são masculinos, outros são femininos e outros são intermediários; os masculinos são os que terminam em Ν (*N*),¹⁷¹ Ρ (*R*)¹⁷² e Σ (*S*),¹⁷³ também em quantas são compostas dessa terminação (essas são duas, Ψ (*PS*)¹⁷⁴ e Ξ (*X*)¹⁷⁵); os femininos são os que terminam em vogais sempre longas, por exemplo, em Η (*E*),¹⁷⁶ Ω (*O*)¹⁷⁷ e as que são alongadas terminadas em Α (*A*);¹⁷⁸ de modo que resulta em uma quantidade de terminações iguais tanto para o nomes masculinos como os femininos. Pois Ψ e Ξ são compostas. E nenhum nome termina em muda (15) nem em vogal breve. Em Ι (*I*),¹⁷⁹ somente três μέλι (*méli*)¹⁸⁰ κόμμι (*kómmi*)¹⁸¹ πέπερι (*péperi*).¹⁸² Em Υ (*Y*),¹⁸³ são cinco.**¹⁸⁴ E os nomes intermediários terminam nessas mesmas letras e em Ν e Σ.

XXII

136. E a excelência da elocução é a clareza e que não seja sem elevação. Então, a mais clara é a elocução vinda dos vocábulos que são de uso corrente, mas (20) são os sem elevação; e um paradigma é a poesia de Cleofonte, também a de Estênelo.¹⁸⁵ Mas tem qualidades nobres e ainda está distante do que é vulgar a poesia que utiliza vocábulos insólitos; digo que é insólito o que é um empréstimo linguístico, uma metáfora, um alongamento e tudo que esteja fora do uso corrente.

137. Mas se alguém compuser com todos esses vocábulos, ou será um enigma ou um barbarismo; (25) então, se for a partir de metáforas, um enigma e, se for a partir de empréstimos linguísticos, um barbarismo. Pois esta é uma particularidade do que é enigmático: falar sobre coisas já existentes fazendo combinações impossíveis; então, conforme a composição dos demais vocábulos, não é possível fazer isso, mas isso é viável pela composição de metáforas, por exemplo,

vi um homem colando com fogo brônzeo (30) sobre um homem,[186]

e as expressões que são da mesma natureza. E o que vem de empréstimos linguísticos é barbarismo.

138. Então, de algum modo, deve-se utilizar esses elementos, pois se não for vulgar nem algo sem elevação, por exemplo, o que é empréstimo linguístico, a metáfora, o adorno e as demais espécies que foram relacionadas, e o que é de uso corrente produzirá a clareza.

139. Uma parte que não é pequena (**1458b**) contribui para a clareza da elocução, também para que não seja vulgar, os alongamentos, as apócopes e as mudanças nos vocábulos; pois, por não ser sem razão ou por ir para o que é corrente, ficando fora do que é habitual, produzirá algo que não é vulgar, mas, por (5) participar do habitual, haverá clareza.

140. De modo que não corretamente criticam os que reprovam esse mesmo modo de falar e ridicularizam o poeta, por exemplo, Euclides, o antigo,[187] que afirma ser fácil compor se lhe permitissem alongar os vocábulos o quanto quisesse, e parodiando em seu próprio estilo, compôs:

Ἐπιχάρην εἶδον Μαραθῶ- (10) νάδε βαδίζοντα
(*Epikhárēn eîdon Maratho- (10) náde badízonta*),[188]

E

οὐκ ἄν γεράμενος τὸν ἐκείνου ἐλλέβορον
(*ouk àn gerámenos tón ekeínou elléboron*).[189]

141. Então, é evidente que, se de alguma forma utiliza esse modo de falar, é ridículo; e que a medida é necessária às demais partes da elocução; pois também se alguém utiliza metáforas, empréstimos linguísticos, e outras espécies de modo inconveniente e de propósito, produziria o mesmo (15) e cairia no ridículo.

142. O quanto difere o uso moderado dos termos, veja-se nos versos épicos, introduzindo esses vocábulos no metro. E se substituir um empréstimo linguístico, as metáforas e os demais dessas espécies, poderia ver que dizemos a verdade; por exemplo, o mesmo verso iâmbico (20) foi composto por Ésquilo e Eurípides, que substituiu somente um vocábulo, no lugar de um de uso corrente colocou um empréstimo linguístico, e Eurípides o mostra belo enquanto o outro, vulgar. Pois Ésquilo, em *Filoctetes*,[190] compôs:

φαγέδαιναν ἥμου σάρκας ἐσθίει ποδός,[191]
(*phagédainan hemou sárkas esthíei podós*)

e Eurípides em vez de ἐσθίει (*esthíei*)[192] mudou para θοινᾶται (*thoinâtai*).[193]

Também: (25)

νῦν δέ μ' ἐὼν ὀλίγος τε καὶ οὐτιδανὸς καὶ ἀεικής,[194]
(*nûn dé m' eon olígos te kaì outidanòs kaì aeikes*)

se alguém dissesse, mudando para os vocábulos correntes:

νῦν δέ μ' ἐὼν μικρός τε καὶ ἀσθενικὸς καὶ ἀειδής[195]
(*nûn dé m' eon mikròs te kaì asthenikòs kaì aeides*)

E ainda:

δίφρον ἀεικέλιον καταθεὶς ὀλίγην τε τράπεζαν,[196]
(díphron aeikélion katatheìs olígēn te trápezan)

(30) δίφρον μοχθηρὸν καταθείς μικράν
τε τράπεζανα[197]
(díphron mokhthépòn katatheìs mikpán te trápezan)

Também isto:

"ἠιόνες βοόωσιν, ηιόνες κράζουσιν.[198]
("ēiónes boóōsiv", ēiónes krázousin)

143. E, além disso, Arífrades[199] ridicularizava os trágicos em suas comédias, porque ninguém poderia dizer as palavras que eles utilizavam em uma conversa, por exemplo, δωμάτων ἄπο (*dōmátōn ápo*),[200] mas não ἀπὸ δωμάτων (apó *dōmátōn*),[201] e σέθεν (*séthen*)[202] e ἐγὼ δέ νιν (*ego dé nin*),[203] e (**1459a**) Ἀχιλλέως πέρι (*Akhilléōs péri*),[204] mas não περὶ Ἀχιλλέως (*perì Akhilléōs*),[205] e quantas outras expressões semelhantes. Pois, por todas essas expressões não estarem entre as de uso corrente, compõem o que não é vulgar na locução; mas ele ignorava isso.

144. É importante utilizar de modo conveniente cada uma das espécies de nomes (5) que citamos, tanto os nomes duplos como os empréstimos linguísticos, e muito mais o que for metafórico. Pois esse é o único que não é possível ser apreendido de outro, e é uma prova de talento; pois compor bem uma metáfora é observar a semelhança.

145. Entre os nomes, os duplos são mais adaptáveis aos versos ditirâmbicos; os empréstimos linguísticos, (10) aos versos heroicos, as metáforas, aos versos iâmbicos. Também, nos versos heroicos, todas as espécies que foram mencionadas são úteis; mas nos versos iâmbicos, por imitar o máximo possível a linguagem corrente, são convenientes os nomes os quais poderiam ser utilizados nos diálogos; que são os de tais naturezas: o de uso corrente, a metáfora e o adorno.

146. (15) Então, sobre a tragédia e a imitação contida na ação basta o que foi dito por nós.

XXIII

147. E, sobre a imitação narrativa e em verso, é evidente que os enredos devem, como nas tragédias, ser compostos de modo dramático e em torno de uma única ação inteira e completa e que tenha (20) começo, meio e fim, para que, como um ser vivo único e inteiro, produza o prazer que lhe é peculiar,

148. também as composições não devem ser semelhantes às narrativas históricas, nas quais não há necessidade de se compor relatos de uma única ação, mas de um único tempo, quantos acontecimentos ocorreram nesse momento em torno de um único ou de muitos, dos quais cada um tem por acaso uma relação com os outros. Como (25) a batalha naval de Salamina[206] e a batalha dos cartagineses na Sicília,[207] que aconteceram ao mesmo tempo, e que não convergiram para um mesmo fim, assim também nos tempos que se sucedem, às vezes acontece um fato depois do outro, e a partir deles não há um único fim. Mas a maioria dos poetas faz (30) isso.

149. Por esse motivo, como já dissemos, também nisso maravilhosamente se abrilhanta Homero em comparação com os demais, por não ter empreendido compor sobre a guerra inteira, embora tivesse início e fim; pois o enredo teria sido excessivamente grande e não iria ser fácil de apreendê-lo na mente, ou, se fosse moderado na extensão, também seria complicado pela sua variedade. (35) Na realidade, por isso ele tomou uma única parte desses acontecimentos, e outros acontecimentos utilizou como episódios, por exemplo, o *Catálogo das Naus*[208] e outros episódios que dispôs em intervalos no seu poema.

150. E os demais compuseram em torno de uma única personagem (**1459b**), em torno de um único espaço temporal e uma única ação de muitas partes, por exemplo, o que compôs os *Cantos Cíprios*[209] e a *Pequena Ilíada*.[210] Por essa razão, da *Ilíada* e da *Odisseia* compõe-se uma única tragédia de cada uma delas ou somente duas, e muitas dos *Cantos Cíprios* e da *Pequena* (5) *Ilíada*, mais de oito, por exemplo: *Julgamento das Armas*,[211] *Filoctetes*, *Neoptólemo*,[212] *Eurípilo*,[213] *Mendicância*,[214] *Lacônias*,[215] *Saque de Ílion*,[216] *Partida das Naus*,[217] *Sínon*[218] e *Troianas*.[219]

XXIV

151. E, além disso, a epopeia deve ter as mesmas espécies da tragédia, pois ou será simples ou complexa, ou de caracteres ou patética; e as mesmas (10) partes fora da melopeia e do espetáculo; pois devem ter o que é próprio da peripécia, do reconhecimento e dos acontecimentos patéticos; e ainda, que sejam belos seus pensamentos e sua elocução. Os quais Homero utilizou todos primeiro e de modo conveniente. Pois, cada um dos seus dois poemas é composto de maneira que a *Ilíada* é simples e patética, enquanto a (15) *Odisseia* é complexa (pois há reconhecimento por toda ela) e de caracteres; além disso, supera todos em elocução e pensamento.

152. Mas a epopeia difere pela extensão da composição e pelo metro.

153. Então, a respeito da extensão, o limite apropriado já foi mencionado; pois deve ser possível de se apreender em conjunto o início e o (20) fim. E isso seria possível, se as composições fossem menores que as antigas e se estivessem próximas do número de tragédias que são apresentadas em uma única audição. E a epopeia tem, para aumentar a sua extensão, uma importante peculiaridade, porque na tragédia não é possível imitar, ao mesmo tempo, (25) muitas partes das ações, mas somente uma parte dos atores em cena; e na epopeia, por ser uma narrativa, é possível executar ao mesmo tempo muitas partes das ações, por meio delas, quando são apropriadas, a magnificência do poema aumenta. De modo que isso tem o que é bom para o seu esplendor e para a mudança de opinião do (30) ouvinte e a introdução de uma variedade de episódios com elementos diferentes; pois a semelhança, que satisfaz rapidamente, produz o fracasso das tragédias.

154. E o metro heroico, pela experiência, é o adequado. Pois, se alguém compuser uma imitação narrativa em outro tipo de metro ou em muitos, pareceria impróprio; porque o heroico é o mais grave e (35) mais amplo dos metros (por isso admite melhor o empréstimo linguístico e a metáfora; pois a imitação narrativa ultrapassa as demais), e o iâmbico e o tetrâmetro (**1460a**) são para o movimento, aquele para a dança e este para ação. E, além disso, seria estranho se alguém misturasse esses metros, como Querémon. Por isso ninguém concebeu uma composição longa em outro a não ser no heroico, mas, como dissemos, a própria natureza ensina o que é adequado escolher (5) para ela.

155. E Homero é digno de ser elogiado por muitas outras razões, e ainda porque é o único dos poetas que não ignora o que ele deve compor. Porque o próprio poeta deve falar o mínimo; pois, assim, não é um imitador. No entanto, os outros, eles mesmos em geral representam, imitam poucas coisas e muitas vezes; e ele compôs (10) um curto preâmbulo, logo introduz o homem, ou a mulher, ou outro caráter qualquer, e nenhum sem caráter, mas com caráter.

156. O maravilhoso deve então ser composto nas tragédias, mas devemos sobretudo admitir o irracional na epopeia, por isso o que acontece é mais maravilhoso, porque não se vê o que está sendo feito; visto que os acontecimentos em torno (15) da perseguição de Heitor, se estivessem em cena, pareceriam ridículos; enquanto uns estavam parados e não perseguindo, e outro [Aquiles] fazendo sinais de reprovação com a cabeça, mas isso passa despercebido nos versos épicos. E o maravilhoso é prazeroso; e uma prova disso é que todos, quando narram, acrescentam algo para serem agradáveis.

157. Homero ensinou aos outros poetas como devem contar as mentiras. (20) Isto é o paralogismo. Pois os homens acreditam que, quando uma coisa existe, ela produzirá outra; então, se a segunda existiu, a primeira também existiu, mas isso é falso. Por isso, se a primeira tiver algo falso, e em seguida gerar uma coisa que existe ou a partir da anterior que é verdadeira, nós as reunimos; e por saber que a segunda é verdadeira, (25) a nossa alma tira a falsa conclusão de que a primeira também existe. E o exemplo de paralogismo é a cena do *Banho*.

158. Deve-se preferir as coisas impossíveis, mas verossímeis, às possíveis, mas não persuasivas; os enredos não devem ser compostos de partes irracionais, mas principalmente não devem ter nada de irracional, caso contrário, deve ficar fora da trama mítica, como (30) Édipo não saber como Laio morreu, mas não no drama, como, na *Electra*,[220] os que descrevem os Jogos Píticos[221] ou nos *Mísios*, a personagem muda que vem de Tégea[222] para a Mísia.[223] De modo que é ridículo dizer que isso destruiria o enredo; pois, por princípio, não se deve compor enredos dessa natureza. Mas, se se coloca e parece que (35) razoavelmente se admite também o absurdo, visto que também na *Odisseia* há acontecimentos irracionais em torno do surgimento de Odisseu na praia de Ítaca, como não seriam evidentemente toleráveis (**1460b**) que não poderiam ter acontecido, se o poeta que as concebesse fosse ruim; na realidade, o poeta oculta prazerosamente o absurdo nas demais coisas boas.

159. A elocução deve trabalhar com afinco nas partes em que não há ações, nem caracteres nem pensamentos; pois a elocução extremamente brilhante oculta de novo (5) os caracteres e os pensamentos.

XXV

160. E sobre os problemas e as soluções, de quantas e quais são as suas espécies, tornariam-se claras se fossem vistas do seguinte modo.

161. Já que o poeta é um imitador, como um pintor ou algum outro criador de imagens, é necessário imitar, dentre as três formas existentes, (10) uma única sempre, ou quais eram ou são, ou quais dizem ou parecem, ou quais devem ser. Essas coisas se exprimem pela elocução na qual também há empréstimos linguísticos, metáforas e muitas modificações, que são próprias da elocução; pois permitimos essas coisas aos poetas.

162. Além disso, não é a mesma a correção da política que a da poética, nem há outra (15) arte que a da poética. E o erro próprio da arte poética é de duas espécies, um é intrínseco a ela e o outro é acidental. Pois, se escolher imitar **[224] o impossível, o erro é da sua própria arte; se não escolher corretamente, mas imitar um cavalo que move ambas as patas direitas ao mesmo tempo, o erro é de cada arte em si, (20) por exemplo, a da arte médica ou outra arte qualquer, ou quando compõe sobre coisas impossíveis, não lhe é intrínseco.

163. De modo que é preciso resolver as críticas contidas em seus problemas, a partir das que foram observadas.

164. Em primeiro lugar, as relativas à própria arte; compôs coisas impossíveis, cometeu um erro; mas é correto se ocorre de ser a finalidade dela (pois (25) foi falado sobre a finalidade), se, assim, resultou algo mais impressionante ou nesta parte mesma ou em outra. Um paradigma é a perseguição de Heitor. Se, todavia, a finalidade for possível de ser mais ou menos obtida e conforme as coisas respeitantes à arte, não está correto cometer esse erro;

165. Ainda, qual das duas espécies é (30) um erro, dentre os intrínsecos à própria arte ou qualquer outro acidental? Pois é menor se não sabia que a corça não tem chifres ou se não foi pintada de modo que não foi imitada.

166. Além disso, se se censura porque não imitou coisas verdadeiras, mas talvez as compôs como devem ser; como também o próprio Sófocles dizia que os imitava como deveriam ser, e Eurípides, como eles são, por esse modo (35) o problema deve ser solucionado. Se de nenhum dos dois modos que assim dizem, por exemplo, as coisas sobre os deuses; talvez assim não as contem nem de modo melhor nem verdadeiras, mas como ocorriam (**1461a**) a Xenófanes;[225] mas assim se diz.

167. Outras coisas talvez não se conte melhor, mas é assim, por exemplo, os acontecimentos a respeito das armas, "suas lanças estavam erguidas na ponta do ferro";[226] pois assim então estavam acostumados, como ainda hoje os ilírios.

168. A respeito de se é belo ou não é belo (5) o que alguém disse ou fez, não somente se deve examinar a ação em si executada ou o que foi dito, se olhava para algo elevado ou vulgar, mas também para o que faz ou diz, a quem, quando, como e por qual razão, por exemplo, se para gerar um bem maior ou para evitar um mal maior.

169. Outros problemas (10) devem ser solucionados olhando-se para a elocução, por exemplo, por um empréstimo linguístico "os mulos primeiro;"[227-228] pois talvez não sejam os mulos, mas os guardas; também Dólon[229] "que ele tinha um mal aspecto",[230] não quanto ao corpo assimétrico, mas quanto ao rosto, que era feio, pois de εὐειδές (*eueidès*) "belo aspecto" é como os cretenses chamam que é εὐπρόσωπον (*euprósōpon*) "de bela face"; também o "mistura (15) mais forte"[231] não é sevir o vinho ἄκρατον (*ákraton*) "puro", como aos bêbados, mas θᾶττον (*thâtton*) "mais rápido".

170. E outro modo de dizer por metáfora, por exemplo, "todos, deuses e homens, dormiam durante toda a noite";[232] e ao mesmo tempo diz "certamente, quando olhava para a planície de Troia ... o barulho das flautas e das siringes".[233] Pois dizer πάντες (*pántes*) "todos" em vez de πολλοί (*polloí*) "muitos" é falar (20) por metáfora, porque πᾶν (*pân*) "todo" é de certo modo πολύ (*polý*) "muito". E "somente ela está privada"[234] é falar por metáfora, pois γνωριμώτατον (*gnōrimótaton*) "o mais conhecido" é μονον (*mónon*) "só".

171. Conforme a prosódia, como Hípias de Taso resolvia: "concedemos-te conquistar a glória"[235] e "parte do qual apodrece com a chuva".[236]

172. E outros problemas pela diérese, por exemplo, Empédocles:

"E imediatamente se desenvolveram mortais as coisas
que antes (25) aprenderam a ser imortais,
e puras antes misturadas;"[237]

173. Outros pela anfibolia: "já se passou a maior parte da noite";[238] pois πλείω (*pleíō*) "a maior parte" é ἀμφίβολον (*amphíbolon*) "ambíguo".

174. E outros por hábito da linguagem. Chamam o que está misturado de οἶνον (*oînon*) "vinho", de onde o poeta compôs "greva de estanho recém-fabricado";[239] e os forjadores que trabalham o ferro, de onde afirma (30) que Ganimedes[240] "serve vinho a Zeus",[241] embora os deuses não bebessem vinho. E isso seria certamente pela metáfora.

175. Deve-se, quando um nome parecer significar algo contraditório, examinar de quantos modos esse nome poderia significar no que foi dito, por exemplo, "por aqui, deteve-se a lança de bronze",[242] de quantos modos é possível que essa tenha sido detida, desse modo (35) ou de outro, o máximo possível que alguém poderia supor; conforme o contrário que (**1461b**) como Gláucon[243] afirma que alguns irracionalmente presumem algo e que eles próprios se pronunciam contra o que inferiram, também, censurando o poeta pelo que lhes parece que já foi dito, e pensam o contrário do que ele mesmos pensaram. E isso se passou com os acontecimentos em torno de Icário.[244] Pois pensam que ele é (5) um lacônio; um absurdo então que Telêmaco[245] não tenha encontrado quando foi para a Lacedemônia.[246] Mas talvez seja como os cefalênios contam, pois dizem que Odisseu desposou alguém junto deles e que o nome do pai era Icádio, mas não Icário; o problema é verossímil por um erro.

176. Em suma, o impossível deve referir-se à (10) poesia ou ao melhor, ou à opinião comum.

177. Pois, com relação à poesia, deve-se escolher mais o impossível persuasivo do que o possível sem persuasão; **[247] por exemplo, os que Zêuxis pintou, porém melhor; pois o paradigma deve ser superado. Diante do que se diz sobre as coisas irracionais; assim também porque de algum modo o irracional não (15) existe; pois é verossímil que ocorram coisas contra o que é verossímil. E, quanto às contradições, deve-se examiná-las como nas refutações dialéticas, verificar se dizem o mesmo, com relação à mesma coisa e no mesmo sentido; de modo que o poeta contradiga o que ele mesmo diz ou em relação ao que um homem sensato supõe.

178. É correta a censura pela irracionalidade e pela maldade, quando não é (20) por necessidade que utiliza o irracional, como Eurípides com Egeu,[248] ou por perversidade, como a de Menelau no *Orestes*.

179. Então, as críticas se referem a cinco espécies; pois ou vão para as coisas impossíveis, ou irracionais, ou prejudiciais, ou contraditórias ou contrárias às correções da própria arte. Mas as soluções, a partir dos números (25) examinados que foram citados, são doze.

XXVI

180. Mas alguém poderia levantar um problema sobre qual das duas é a melhor: a imitação épica ou a trágica.

181. Pois, se a menos vulgar é a melhor, e tal é a que sempre está voltada para os melhores espectadores, certamente é evidente que a vulgar é a que imita todas as coisas; pois, como se os espectadores não estivessem percebendo nada, (30) se o próprio ator não exagerar, fazendo muito movimento, como os maus flautistas, rodopiando, pela necessidade de imitar um disco, e arrastando o corifeu, quando tocam na encenação de *Cila*. Então, a tragédia é tal, como os atores antigos pensavam que eram os seus sucessores; pois como Minisco[249] era excessivamente criticado, (35) Calípides[250] o chamava de "macaco", e tal reputação também havia a respeito de (**1462a**) Píndaro;[251] como estes têm relação com aqueles, a arte dramática inteira tem com a epopeia. Dizem então que a epopeia é para os espectadores refinados, os quais não necessitam das gesticulações, enquanto a tragédia é para os vulgares; se então ela é a vulgar, é evidente que seria a pior.

182. (5) Em primeiro lugar, a censura não é própria da arte poética, mas a do ator, visto que é possível exagerar nos sinais também quando se recita rapsódias, como é Sosístrato,[252] e quando se canta, como fazia Mnasíteo[253] de Opunte.[254] Em seguida, não se deve rejeitar todo tipo de gesticulação, se não se reprova a dança, mas a dos maus atores, como também Calípides (10) foi censurado, e agora outros, porque imitam mulheres que não são livres. A tragédia também faz, sem gesticulação, o que é próprio dela, como a epopeia; pois, por meio da leitura, é possível que suas qualidades sejam evidenciadas; se então é superior em todas as outras coisas, isso não é necessário para superá-la.

183. Depois, porque tem todos os elementos que a (15) epopeia tem (pois também lhe é permitido utilizar o seu metro), e, além disso, que não é uma parte pequena, a música e os espetáculos; por meio dela, combinam-se os mais manifestos prazeres; logo também tem sua visibilidade na leitura e nas atuações; ainda, em menor extensão, está a finalidade (**1462b**) da imitação (pois o que é mais denso é mais prazeroso que o que está diluído em muito tempo, digo, por exemplo, se alguém colocasse o *Édipo*, de Sófocles, em tantos versos épicos como a *Ilíada*); ainda, a imitação das epopeias é menos unitária (e uma prova disso é que da imitação de qualquer uma delas (5) se originam muitas tragédias), de modo que, se os poetas compuserem um único enredo, ou, brevemente o expuserem, parecerá muito curto, ou, se seguirem a extensão do metro, parecerá fraco. E digo, por exemplo, se for composto a partir de muitas ações, como a *Ilíada*, que tem muitas partes dessa natureza, ou a *Odisseia*, que também por si mesmas (10) tem grandiosidade; todavia, esses poemas foram compostos da melhor forma que se pode, e são tanto quanto possível a imitação de uma única ação.

184. Se então a tragédia se distingue por todas essas coisas e, além disso, pelo resultado da sua arte (pois elas não devem produzir o prazer casual, mas o que foi dito), é evidente que é melhor, seria mais pela (15) finalidade que a que ocorre na epopeia.

185. Então, a respeito da tragédia e da epopeia, também sobre elas mesmas, as suas espécies e suas partes, e quantas e em que diferem, e quais são as causas para que seja boa ou não, e sobre as críticas e as suas soluções, basta o tanto que foi dito. ****[255]**

NOTAS

¹ Poesia constituída por ditirambos, que eram versos dedicados ao deus Dioniso, compondo uma ode em forma de canto coral, que nos remete às origens do teatro grego, uma vez que havia uma parte narrativa que era recitada pelo corifeu, o cantor principal, e outra, coral, cantada por personagens trajadas de sátiros.

² Recebe esse nome por ser acompanhada pelo aulo, uma espécie de flauta.

³ Recebe esse nome por ser acompanhada pela cítara.

⁴ Arte relacionada à execução da flauta de Pã, também conhecida como siringe.

⁵ Mimógrafo, natural de Siracusa, século V a.C., é considerado o inventor da mímica, cujo objetivo era imitar a vida real.

⁶ Seus dados biográficos são desconhecidos, sabemos apenas que era um poeta cômico.

⁷ Poeta épico grego a quem é atribuída a autoria dos versos em hexâmetro dactílicos da *Ilíada* e da *Odisseia*. Estudos realizados sobre a cronologia de suas obras nos trazem informações de que datam dos séculos XII a IX a.C.

⁸ Filósofo grego, 492-432 a.C.; nascido em Agrigento, na Sicília.

⁹ Poeta trágico, século IV a.C.; há fragmentos de peças de sua autoria que nos remetem aos heróis da Guerra de Troia, tais como *Odisseu, Centauro, Dionísio, Tieste, Tersites, Aquiles e Centauro*.

¹⁰ Originalmente o metro ditirâmbico era um frenético canto coral dedicado a Dioniso, acompanhado de uma lira. O ditirambo era composto por uma parte narrativa, recitada pelo corifeu, o cantor principal, e a outra parte, por um coral, formado por homens vestidos de faunos e sátiros, considerados companheiros do deus Dioniso.

[11] Uma espécie de cantos religiosos hieráticos, escritos em versos hexâmetros dactílicos, que a tradição costuma afirmar que foi a primeira manifestação musical acompanhada da fala, isto é, o uso da música com o verso.

[12] Polignoto de Tasos, século V a.C., foi considerado o maior pintor de sua época.

[13] Pintor ateniense do século V a.C.

[14] Pintor nascido em Colófon, século V a.C.

[15] Poeta trágico ateniense, séc. V a.C.

[16] Poeta cômico, século V a.C.

[17] Ilha grega localizada no mar Egeu, conhecida por suas minas de ouro.

[18] Poeta cômico, século IV a.C.

[19] Trata-se de uma paródia da *Ilíada*, de Homero, na qual o poeta versifica a história dos piores homens, elogiando-os.

[20] Gigantes que tinham um olho só, imortais, auxiliavam Hefesto na fabricação dos raios de Zeus.

[21] Nascido em Mileto, 446-356 a.C., poeta lírico e músico.

[22] Natural de Citera, 439-380 a.C., poeta trágico e lírico.

[23] Tragediógrafo grego, 496-405 a.C., nasceu em Colono, local bem próximo a Atenas, calcula-se a um quilômetro.

[24] Comediógrafo ateniense, 450-388 a.C., principal poeta da Comédia Antiga.

[25] Principal ilha do mar Mediterrâneo, localizada ao sul da península Itálica, região que integrava a chamada Magna Grécia.

[26] Nascido na Sicília, entre os séculos VI e V a.C., era filósofo e poeta cômico, famoso por suas mímicas.

[27] Natural de Atenas, século V a.C., poeta cômico.

²⁸ Nascido na região da Icária, século V a.C., poeta cômico, a quem a tradição atribui a primeira vitória com uma comédia.

²⁹ Península grega na qual estão localizadas as cidades de Argos, Micenas, Tebas e Esparta, para falar das mais famosas.

³⁰ O termo grego é κώμας, *kṓmas*, isto é, "aldeias", que estaria assim na raíz da palavra κωμῳδία, *kōmōidía*, que significa "comédia".

³¹ Em grego é δήμους, *dêmous*, ou "distritos".

³² Em grego κωμάζειν, *kōmázein*, que significa "festejar cantando e dançando, acompanhando uma procissão festiva".

³³ Em grego ποιεῖν, *poieîn*, e δρᾶν, *drân*, ambos significam "fazer".

³⁴ Em grego πράττειν, *práttein*, que significa "atuar", "praticar uma ação".

³⁵ Uma composição épica em tom satírico, cujo herói era um louco, *márgos* (μάργος). A obra não chegou à nossa época, desconhecemos sua autoria e a sua datação. Aristóteles, contudo, atribui os poemas a Homero, indicando-os como os que deram origem ao gênero cômico, à comédia.

³⁶ Obra de Homero que narra a guerra de gregos e troianos, conhecida como a Guerra de Troia. Ilion era outro nome dado à cidade de Troia, daí o título da obra de Homero ser *Ilíada*.

³⁷ Obra de Homero que narra as venturas e as desventuras de Odisseu em seu retorno para Ítaca, após os gregos terem vencido a Guerra de Troia.

³⁸ Cantos acompanhados de mímicas erotizadas, licenciosas e satíricas.

³⁹ Tragediógrafo grego, nascido em Elêusis, 525-426 a.C.

⁴⁰ Responsável pela organização das representações dramáticas, cabia-lhe a escolha dos três poetas que concorreriam nos festivais em honra ao deus Dioniso.

⁴¹ O coro é introduzido quando o espetáculo teatral começa a ser financiado por um cidadão abastado conhecido como corego. O chefe do coro era chamado corifeu.

⁴² Nascido na ilha de Cós, 540-452 a.C., viveu na colônia dória de Mégara, na Sicília, indo mais tarde para Siracusa, onde esteve sob a proteção dos governantes locais Gélon e Híeron I, conhecidos por fomentarem as artes em geral. Fragmentos de sua obra mostram sua preferência por temáticas relacionadas ao seu quotidiano e um tratamento burlesco do mito.

⁴³ Século V a.C., também pertencia ao círculo de artistas incentivados por Gélon e Híeron I. Não dispomos de dados biográficos a seu respeito.

⁴⁴ Poeta cômico, 450-424 a.C.

⁴⁵ Convencionou-se interpretar a partir dessa passagem que a tragédia tem de se passar na duração de um dia apenas.

⁴⁶ Apesar dessa assertiva de Aristóteles de que irá analisar a comédia, não dispomos de seu livro sobre o tema, que é dado como um segundo livro perdido desta obra que trata somente do estudo da tragédia. Já a respeito da epopeia, o filósofo estagirita expõe suas impressões nos capítulos XXIII e XXIX.

⁴⁷ O verbo utilizado por Aristóteles é ἡδύνω, *ēdýnō*, que, segundo Chantraine, remete-nos ao universo culinário, pois significa literalmente "temperar", "condimentar", por extensão, "tornar agradável"; ver: P. Chantraine, *Dictionnaire étymologique de la langue grecque: histoire des mots*, Paris: Éditions Klincsieck, 1968, s.v. Nesse sentido, compreendemos a visão de Aristóteles como uma analogia à preparação de um alimento, então devemos pensar em uma linguagem "temperada" com condimentos tais como o ritmo, a harmonia e o canto. Esclarecemos que não seguimos a comparação de Aristóteles pela dificuldade na construção das frases em nossa língua, de modo a torná-las inteligíveis, assim seguimos a referida sugestão.

⁴⁸ É a arte de musicar as poesias, a composição de cantos líricos.

⁴⁹ Nascido em Heracleia, sul da Itália, atuou entre 390 e 340 a.C., célebre pintor a quem se atribui a descoberta da relação entre luzes e sombras dos corpos. Desenvolveu sua arte em Atenas, tornando-se famoso por ter pintado um Eros coroado com flores, depois foi para a corte de Arquelau da Macedônia, onde decorou seu palácio e presenteou o rei com uma pintura de Pã. Há anedota de que ele pintou um cacho de uvas com tanto realismo que enganou até os pássaros.

⁵⁰ Nascido na ilha de Tasos, atuou entre 490 e 460 a.C. Por seu talento na pintura de monumentos importantes de Atenas, como o Pórtico, recebeu cidadania ateniense. Conta-se que em sua pintura do Saque de Troia no Pórtico, Polignoto representou Elpinice, a irmã de Címon, porque era sua amante.

⁵¹ Nossa opção de tradução "dos adornos" para τῶν ἡδυσμάτων, *tōn hedysmátōn*, literalmente "dos temperos", é para fins de inteligibilidade do texto; pois, como dissemos antes, Aristóteles traça um paralelo com a culinária, como se a tragédia fosse um prato a ser servido, por isso que deveria ser saboroso ao seu público. É interessante que essa analogia do tempero com a palavra se repete em Plutarco no seu tratado *Da Malícia de Heródoto*, 856D; quando nosso autor faz referências a um discurso malicioso, ele usa termos desse mesmo campo semântico, como se a palavra tivesse sabor.

⁵² Estima-se que cada estádio tenha a equivalência aproximada de 186 metros.

⁵³ Relógio d'água usado pelos gregos para a medição do tempo. Calcula-se que uma tragédia durava em média duas horas.

⁵⁴ Restam-nos alguns fragmentos dessa obra que relata as aventuras heroicas de Héracles.

⁵⁵ Há apenas fragmentos desses poemas nos quais os poetas cantam os feitos do herói Teseu. Os poetas que compuseram a *Heracleida* e a *Teseida* são conhecidos como cíclicos, pois são oriundos das ilhas conhecidas por formarem um complexo chamado Cíclade; os mais famosos são Pisandro de Rodes, século VII a.C., e Baquílides de Ceos, século VI a.C..

⁵⁶ Filho de Zeus e Alcmena, são inúmeras as histórias que envolvem o herói grego; dentre as mais famosas está o ciclo dos Doze Trabalhos, façanhas executadas por determinação de seu primo Euristeu, como expiação pelo assassinato dos filhos que gerara com Mégara. Plutarco compôs uma biografia sobre o herói da qual nos resta apenas um fragmento recolhido por Robert Flacelière (fr. 8 Fl.).

⁵⁷ Filho de Laertes e de Anticleia, nasceu na ilha grega de Ítaca. Herdou o trono de seu pai quando já era adulto, casou-se com Penélope, com quem teve um filho chamado Telêmaco. Famoso por sua astúcia, Odisseu foi um importante herói da Guerra de Troia, auxiliando os gregos em diversos momentos de sua empreitada.

⁵⁸ Montanha situada em Delfos, ao norte do golfo de Corinto.

⁵⁹ Aristóteles se refere ao Canto XIX, 392-395 em que Homero relata que Odisseu foi reconhecido por sua ama Euricleia por uma cicatriz decorrente da mordida de um javali durante uma caçada, típica cena de reconhecimento. O segundo episódio trata de uma mítica história da tentativa de Odisseu de não participar da expedição contra Troia, porém esse episódio não é relatado na *Odisseia*.

⁶⁰ Historiador nascido em Halicarnasso ou Túrio, 480-425 a.C., autor de *Histórias*, nove livros que narram diversas histórias, mas tendo como foco principal as guerras dos gregos contra os persas, as chamadas Guerras Médias ou Persas.

⁶¹ Peça perdida. Anteu era filho de Posídon e de Geia. Habitava na Líbia e forçava todos os viajantes a lutar contra ele, o que sempre resultava na sua vitória. O gigante tinha por hábito guardar os despojos dos mortos no templo de seu pai. Somente Héracles conseguiu vencê-lo e destruí-lo, quando estava em busca das maçãs do Jardim das Hespérides, um dos seus doze trabalhos.

⁶² Poeta trágico ateniense, cuja primeira vitória ocorreu em 416 a.C., e que, em razão dela, organiza um festim comemorativo, no qual reúne, entre outros, Sócrates, Aristófanes, Erixímaco e Fedro. Após se banquetearem, iniciam um diálogo no qual cada conviva profere um elogio a Eros, discursos que são registrados por Platão em seu diálogo *Banquete*.

⁶³ Personagem citada apenas neste espisódio relatado por Aristóteles.

⁶⁴ Cidade situada na península do Peloponeso. Argos rivalizou em comércio com a Fenícia, e durante muito tempo foi a primeira cidade do Peloponeso até a ascensão de Esparta no século VI a.C.

⁶⁵ Tragédia composta pelo tragediógrafo Sófocles na qual ele conta o mito de Édipo, filho de Jocasta e de Laio, que, após um oráculo, foi abandonado e adotado pelos reis de Corinto. Quando retorna à sua cidade natal, sem saber de sua ascendência, assassina seu pai, Laio, (em sua viagem) e se casa com sua mãe, Jocasta, tendo quatro filhos com ela, a saber, Etéocles, Polinices, Antígona e Ismene.

⁶⁶ A cena à qual Aristóteles se refere é quando o arauto vem anunciar a morte de Pólibo e lhe revelar que ele era o seu pai; ver Sófocles, *Édipo Rei*, v. 986 *ss*.

⁶⁷ Tragédia perdida, escrita por Teodectes de Fasélis, século IV a.C. Linceu, filho de Egipto, casou-se com Hipermnestra, filha de Dânao. Foi o único filho de Egipto que não pereceu no massacre dos noivos das Danaides, pois Hipermnestra apaixonou-se por ele, porque ele havia respeitado a sua virgindade, e não obedeceu a ordem de matá-lo em sua noite de núpcias, com a adaga que recebera de presente do seu pai.

⁶⁸ Filho de Belo e de Anquínoe. Com diferentes mulheres, teve cinquenta filhas, que eram conhecidas como Danaides. Herdou de seu pai o reino da Líbia. O pai o alertou sobre um oráculo que previa a sua morte caso ocorresse o casamento de suas filhas com os cinquenta filhos de seu irmão gêmeo Egipto. Então, Dânao, em fuga, levou-as para outro território, Argos, do qual é seu herói fundador, e lá reinou ao lado delas. Quando já estava estabilizado, os cinquenta filhos de Egipto vieram anunciar que estavam em missão de paz e que queriam desposar suas filhas; assim o rei tramou para que todos fossem assassinados por suas filhas em sua noite de núpcias, por isso presenteou cada uma delas com uma adaga.

⁶⁹ Segundo o mito, Dânao perdoou sua filha Hipermnestra por não ter matado Linceu, conforme ele havia instruído, e ainda permitiu que ela permanecesse casada com o jovem. No entanto, Linceu não perdoou Dânao pelo seu ato e se vingou da morte dos seus irmãos, matando-o e ocupando o seu lugar no trono da Síria, e assim o oráculo se concretizou.

⁷⁰ Filha de Agamêmnon e de Clitemnestra. Certo dia, durante uma caçada, seu pai provocou a ira de Ártêmis ao dizer que era melhor arqueiro que a deusa. Então, para se vingar da soberba de Agamêmnon, a deusa promoveu uma calmaria nos ventos no porto de Áulis, onde estava atracada toda a esquadra naval comandada pelo rei. O adivinho Calcas, após consultar o oráculo, proferiu a sentença de que a filha do rei Agamêmnon deveria ser sacrificada no lugar e que somente assim Ártemis retiraria o encanto dos ventos, a fim de que a expedição de Agamênmnon pudesse partir em direção à cidade de Troia. Em razão disso, o rei Agamêmnon sacrificou sua filha em Áulis.

⁷¹ Filho de Agamêmnon e de Clitemnestra, portanto irmão de Ifigênia. Orestes é conhecido como o vingador de seu pai, visto que sua mãe e seu amante Egisto promovem o assassinato de Agamêmnon, com o argumento de que se trata de uma vingança pelo sacrifício de Ifigênia. Então, Orestes é conhecido por ter matado Egisto e Clitemnestra para honrar o seu pai.

⁷² Episódio que compõe a peça *Ifigênia em Táuris*, datada entre 414 e 412 a.C., de Eurípides, v. 730 ss, na qual o autor traz a versão de que a filha do rei não foi sacrificada em Áulis, mas levada para Táuris pela própria deusa Ártemis, que se apieda da jovem.

⁷³ Pé métrico formado por duas sílabas breves seguidas de uma longa.

⁷⁴ Pé métrico formado por uma sílaba longa seguida de uma breve.

⁷⁵ A "cena" era a parte física do teatro onde ficavam os atores.

⁷⁶ Édipo era rei de Tebas e gozava de grande prestígio quando soube que era filho de Laio e de Jocasta, portanto que havia assassinado seu pai e desposado sua mãe.

⁷⁷ Aristóteles lembra a célebre história de Atreu, filho de Pélops e de Hipodâmia, que era o irmão mais novo de Tiestes. Segundo a lenda, Atreu mandou matar os três filhos do seu irmão, cortá-los em pedaços e servi-los a ele em um banquete. Do mesmo modo, após Tiestes ter-se saciado, Atreu ordenou que as cabeças dos seus filhos fossem exibidas para ele, revelando assim a origem das carnes que comera.

⁷⁸ Filho mais velho do célebre adivinho Anfiarau, que foi obrigado por sua mulher Erífile a participar da guerra contra Tebas. Como sabia que seu fim seria morrer nessa contenda, pediu aos seus filhos Alcmêon e Anfíloco que o vingassem, logo que se tornassem adultos. Para tanto, deveriam matar sua mãe e organizar uma expedição militar contra Tebas. Os filhos cumpriram o seu pedido, o que resultou em uma vida errante e repleta de sofrimentos para Alcmêon. O poeta trágico Astídamas, século IV a.C., compôs uma tragédia sobre o herói, mas que não chegou aos nossos dias.

⁷⁹ Sófocles compôs uma trilogia trágica, a *Trilogia Tebana*, para contar as venturas e desventuras de Édipo, a saber, *Édipo Rei*, *Antígona* e *Édipo em Colono*.

⁸⁰ A personagem de Orestes está relacionada à trilogia de Ésquilo, conhecida como *Oresteia*, formada pelas peças *Agamêmnon*, *Coéforas* e *Eumênides*. Há ainda a peça *Electra* de Eurípides, onde encontramos Orestes como personagem principal ao lado de sua irmã Electra. (Há também a *Electra* de Sófocles.)

⁸¹ Filho de Eneu, rei dos etólios e de Alteia, irmã de Leda. É o herói conhecido pela caça de Cálidon, uma caçada a um javali enviado por Ártemis. Como Alcmêon, o herói também passou por muitas desventuras. Não temos a informação de qual poeta trágico escreveu uma peça sobre Meleagro.

⁸² Filho de Héracles e de Auge. Por ser um filho gerado fora do casamento, a criança foi abandonada por Aleu, seu avô e rei de Tégea, trancado em um cofre e lançado ao mar. Chegou às terras da Mísia, como os heróis anteriores, e vivenciou episódios terríveis. Há uma peça perdida de Sófocles intitulada *Mísios* em que o poeta narra a saga de Télefo. Ainda temos notícia de que Eurípides e Agatão escreveram peças homônimas para o herói, mas infelizmente tais peças não chegaram até nós.

⁸³ Tragediógrafo grego nascido na ilha de Salamina, 486-406 a.C.

⁸⁴ Filho de Tiestes e de Pelopeia, que era sua irmã, que, ao descobrir sua origem, expôs a criança. Mas Atreu, irmão de Tiestes, mandou procurar o menino, que, após encontrado, foi criado por ele como se fosse seu filho. Enquanto Agamêmnon estava na guerra contra os troianos, Egisto seduziu Clitemnestra e se tornou seu amante.

⁸⁵ Filha de Tíndaro e de Leda, desposada por Agamêmnon, com quem teve Orestes, Electra e Ifigênia. Clitemnestra foi retratada nas peças dos grandes tragediógrafos gregos, na *Oresteia*, de Ésquilo, na *Electra*, de Sófocles e na *Ifigênia em Áulis* e *Electra*, ambas de Eurípides.

⁸⁶ Filha de Tálao, rei de Argos, era esposa de Anfiarau. Por ter conspirado para que seu marido participassse da expedição dos *Sete contra Tebas*, título de uma das tragédias de Ésquilo, e isso ter resultado na morte de Anfiarau, Alcmêon mata sua mãe para vingar seu pai, conforme o próprio lhe havia pedido antes de partir.

⁸⁷ Tragediógrafo grego, século IV a.C., filho de Morsimo e descendente de Ésquilo; há apenas fragmentos de sua extensa obra.

⁸⁸ Filho de Odisseu e de Circe ou de Calipso. Telégono foi lançado por uma tempestade na ilha de Ítaca, a qual tentou dominar, quando entrou em confronto com Odisseu e o matou, sem saber que ele era seu pai.

⁸⁹ Peça de autoria desconhecida.

⁹⁰ Filho de Creonte, que estava noivo de Antígona, quando seu pai a condenou à morte. Por não suportar o fato de ver a sua noiva morta, Hêmon cometeu suicídio.

⁹¹ Filho de Menécio, sucedeu Laio no trono de Tebas.

⁹² Tragédia de Sófocles que integra a *Trilogia Tebana*. Eurípides também escreveu uma peça homônima, mas que foi perdida.

⁹³ Peça perdida atribuída a Eurípides.

⁹⁴ Filha de Cípselo, rei da Arcádia, casou-se com Cresfonte, um descendente dos Heraclidas. Após uma série de perseguições e morte de seus filhos, Mérope consegue salvar seu filho mais novo, Épito, enviando-o para a Etólia. Quando Épito volta para se vingar do ocorrido, sua mãe está prestes a matá-lo com um punhal, mas surge um velho servo da casa que a impede e a faz reconhecer o seu filho.

⁹⁵ Ésquilo, Sófocles e Eurípides escreveram peças sobre essa personagem, todas perdidas. Hele era irmã de Frixo, filha de Átamas e Néfele. Fugiu com seu irmão em um carneiro voador, para serem salvos do ódio da sua madrasta Ino, mas caiu no mar antes de chegar à Cólquida, no estreito que então passou a se chamar Helesponto, o Mar de Hele.

⁹⁶ Rei de Esparta, irmão de Agamêmnon e marido de Helena. Na referida peça, Menelau demonstra um comportamento irascível, inapropriado para um rei.

⁹⁷ Tragédia de Ésquilo.

⁹⁸ Peça perdida e de autoria desconhecida. Cila é uma ninfa da Sicília que Circe transformou em um monstro marinho, preso no estreito de Messina. Trata-se de uma mulher que tem a parte inferior do corpo cercada de cães e de seis animais ferozes devoradores do que lhes passar pela frente. Para se vingar da feiticeira Circe, Cila atacou seu amante Odisseu quando ele passou junto à sua gruta e provocou o naufrágio de suas embarcações, devorando ainda muitos de seus tripulantes.

⁹⁹ Filha de Éolo, teve dois filhos do deus Posídon, Beoto e Éolo II. É a heroína de duas tragédias perdidas de Eurípides, a saber, *Melanipe* e *Melanipe Sábia*. Provavelmente Aristóteles esteja referindo-se ao prólogo da peça de Eurípedes na qual, conforme

Plutarco conta em seu tratado *Diálogo do Amor*, 756B, Melanipe teria proferido as seguintes palavras: "Zeus, quem quer que seja Zeus, não o conheço, senão por discurso"; ver: Eurípides, fr. 480 Nauck-Snell, de *Melanipe Sábia*.

[100] Em grego ἀπὸ μηχανῆς, *apó mēkhanés*, literalmente "de uma máquina", é uma referência de Aristóteles a um expediente de Eurípides conhecido por *deus ex machina*, através do qual o tragediógrafo traz à cena um desfecho inesperado, fantástico, pois era uma espécie de guindaste que baixava um deus no palco para resolver as questões pendentes do enredo.

[101] Um tratado perdido de Aristóteles intitulado *Dos Poetas*, uma obra dedicada à história literária dos antigos gregos.

[102] "λόγχην ἥν φοροῦσι Γηγενεῖς" (*lónkhén hen phoroûsi Gēgeneîs*). Geia é a personificação da Terra, elemento primordial de que descendem as raças divinas. Primeiro nasceu o Caos, depois veio Geia, que sem o auxílio de um elemento masculino gerou Urano, a personificação do céu. Juntos, Urano e Geia geraram os Titãs, em número de seis, Oceano, Ceu, Crio, Hiperíon, Iápeto e Crono, este último pai de Zeus. Para mais informações sobre sua linhagem, consultar Hesíodo, *Teogonia*, 116ss.

[103] Poeta trágico ateniense, século IV a.C.

[104] Tragédia perdida de Sófocles.

[105] Aristóteles se refere ao episódio em que Tiro, filha de Salmoneu e de Alcídice, deu à luz Pélias e Neleu, filhos gêmeos gerados do deus Posídon, os quais ela expôs em um cesto. Homero lembra esse episódio na *Odisseia*, XI, 235.

[106] Tragédia perdida e de autoria desconhecida.

[107] Tragédia que não chegou aos nossos dias, que versa sobre Tereu, filho de Ares e rei da Trácia, que violou a sua cunhada Filomena, filha de Pandíon, rei de Atenas, e, para que ela não o denunciasse, Tereu cortou-lhe a língua. No entanto, Filomena fez um bordado no qual relatava o ocorrido a sua irmã Procne, esposa de Tereu. Para se vingar do ato hediondo do marido, Procne mata Ítis, o filho que juntos geraram, e o serve em um banquete para o pai. Após a refeição, Procne e Filomena fugiram, e Tereu empreendeu uma caçada a ambas, que os deuses, compadecidos, transformaram em pássaros.

Então, Procne foi transformada em um rouxinol e Filomena, em uma andorinha.

[108] Tragédia perdida.

[109] Poeta trágico do século IV a.C.

[110] Rei dos feácios que recebe Odisseu em seu palácio após o naufrágo do herói. O rei, depois de conhecer as aventuras e os infortúnios de Odisseu, concede uma embarcação ao herói para que ele retorne à ilha de Ítaca, a sua terra natal.

[111] Aristóteles faz referência ao episódio em que Demódoco canta as histórias que ouvira sobre Odisseu na corte do rei Alcínoo, por isso o herói se desfaz em prantos, conforme Homero narra na *Odisseia*, Cantos VIII, 521-586 e IX, 1-25.

[112] Peça que intergra a trilogia conhecida como *Oresteia*, de Ésquilo. Em *Eumênides*, após assassinar sua mãe Clitemnestra e seu amante Egisto, Orestes é perseguido pelas Erínias, divindades vingadoras de assassínios de sangue. O desfecho da peça ocorre quando Orestes, Apolo e as Erínias vão ao Areópago, local de julgamento dos atenienses, a fim de obterem um veredito sobre a questão. Então, os votos são pronunciados e a votação termina empatada, sendo o voto de Atena o que resolve a questão em favor de Orestes. Desse episódio nasceu a expressão "voto de Minerva", o nome latino dado à deusa Atena.

[113] Políido era sofista e tragediógrafo, século IV a.C.

[114] Filho de Eneu, rei da Etólia, e de Peribeia, que foi abandonada pelo marido e forçada a viver junto com os porqueiros, e com eles Tideu foi criado. Quando se tornou adulto, Tideu assassinou seu tio Alcatoo, irmão de seu pai. Condenado ao desterro, foi purificado pelo rei Adrasto e participa da expedição dos Sete contra Tebas. Também é conhecido por ser o pai do herói Diomedes.

[115] Nascido em Fasélis, século IV a.C., era poeta trágico e orador.

[116] Tragédia perdida e de autoria desconhecida. O tema central é sobre Fineu, rei da Trácia, que, desconfiado dos filhos do seu primeiro casamento, ordenou que todos tivessem os olhos vazados, a fim de que não cobiçassem a sua segunda esposa, que os havia acusado de assédio.

¹¹⁷ Peça perdida de autoria desconhecida.

¹¹⁸ Há uma lacuna nessa parte do texto.

¹¹⁹ O texto grego traz os nomes das tragédias no plural. Tais se referem a Ájax e Íxion, ambos foram temas de tragédias, o primeiro de Sófocles e o segundo de Ésquilo, sendo que somente o texto de Sófocles chegou até nós. Ájax é um herói da Guerra de Troia que se julgava merecedor das armas de Aquiles, que terminaram nas mãos de Odisseu. Enfurecido com o fato, Ájax teve um ataque de insanidade e matou um rebanho inteiro dos gregos pensando que se tratava de seus soldados e, quando retornou à razão, envergonhado, cometeu suicídio. Íxion se encantou por Hera, irmã e esposa de Zeus, e a assediou. O deus decidiu vingar-se da ousadia de Íxion e o lançou no Tártaro, onde foi amarrado a uma roda que se movimentava continuamente. Ambas as personagens são interpretadas pela tradição como vítimas de seu excessivo orgulho, o que resultou no castigo dos deuses. Esse tipo de punição é conhecido como "nêmesis".

¹²⁰ Tragédia perdida atribuída a Sófocles. Ftiótides são mulheres que nasceram na Ftia, região na qual reinava Aquiles. É interessante notar também que as Ftiótides compõem o coro da tragédia de Eurípedes *Andrômaca*.

¹²¹ Título de duas tragédias perdidas, uma de Sófocles e outra de Eurípides. Peleu, rei da Ftia, é pai de Aquiles, que o gerou com a deusa Tétis, daí o epíteto Pelida dado a Aquiles por Homero. Peleu participou da caçada do javali de Cálidon, da expedição dos Argonautas, da expedição de Héracles contra Troia e da luta contra as Amazonas, sempre desempenhando um papel secundário.

¹²² Há aí uma pequena lacuna no texto.

¹²³ Tragédia perdida e de autoria desconhecida. As Fórcides são Ênio, Pefredo e Dino, filhas da divindade marinha Fórcis e de Ceto. Elas são três velhas que figuram na lenda de Perseu, que nunca foram jovens e tinham um olho e um dente para as três, que utilizavam uma de cada vez. As Fórcides também são conhecidas como Greias e habitavam o extremo ocidente, no país da noite, onde se desconhecia a luz solar.

¹²⁴ Tragédia de Ésquilo que versa sobre o mito do Titã, filho de Iápeto. Quanto à sua mãe, há referências a Ásia e a Clímene, duas divindades marinhas, filhas de Oceano, que são conhecidas como

Oceânides. Prometeu é considerado o criador dos primeiros homens, que moldou com terra e água, portanto com barro. Também é considerado um amigo dos homens, pois os beneficiou quando os presenteou com algumas sementes de fogo da roda do Sol. É conhecido ainda pelo ardil em que enganou Zeus oferecendo-lhe banha em vez de carne, que ficou para os homens. Por esses expedientes, Prometeu foi castigado por Zeus, conforme vemos na peça de Ésquilo intitulada *Prometeu Acorrentado*.

¹²⁵ Local que os gregos consideravam o reino do mortos, cujo deus regente recebia o mesmo nome.

¹²⁶ Filha de Tântalo, irmã de Pélops, foi desposada por Anfíon, com quem teve sete filhos e sete filhas. Níobe estava feliz e orgulhosa de sua prole, quando lhe sucedeu a infelicidade de declarar que ela era superior a Leto, que só havia tido dois filhos, os gêmeos Apolo e Ártemis. Indignada com a ofensa, a deusa pediu aos seus filhos que executassem os de Níobe, então Ártemis lançou suas flechas contra as filhas e o seu irmão contra os filhos dela.

¹²⁷ Filho de Éolo, pertencente à raça de Deucalião, era considerado o mais astuto dos mortais e também o mais inescrupuloso. A história de Sísifo envolve inúmeros episódios em que ele demonstra a sua astúcia. Não se sabe ao certo qual foi o ato que o levou à condenação de eternamente rolar uma pedra de mármore até o alto de uma montanha e depois vê-la descendo, apenas sabemos que foi por causa de sua impiedade.

¹²⁸ Nascido em Abdera, 490-420 a.C., sofista e filósofo. Restam-nos apenas fragmentos de sua obra. Sua máxima mais famosa é "o homem é a medida de todas as coisas". Por seus ensinamentos sofísticos, Protágoras se tornou rico e muito prestigiado em sua época, sendo amigo pessoal de Péricles. O filósofo ateniense Platão escreveu um diálogo intitulado *Protágoras*, de onde podemos retirar algumas impressões sobre o sofista e seu pensamento.

¹²⁹ São as primeiras palavras do Canto I da *Ilíada*, de Homero.

¹³⁰ Esse termo se refere ao impacto produzido pelo contato da língua com o céu da boca, ou de um lábio com o outro, ou da língua com os dentes, ou das paredes da garganta, todas essas articulações que têm como finalidade a produção de um determinado som.

[131] Letras do alfabeto grego que correspondem respectivamente às nossas letras S e R.

[132] Correspodentes às nossas letras G e D.

[133] Letras que juntas correspondem ao nosso GR.

[134] Correspondente à nossa letra A.

[135] Equivalente ao nosso som de GRA.

[136] Partícula pospositiva com função enfática, isto é, nunca inicia uma frase e serve para realçar ou contrastar a palavra que a antecipa, daí não ter um significado.

[137] Advérbio pospositivo que significa "com certeza", "verdadeiramente"; também desempenha a função de uma conjunção quando acompanhada de ἤ, por exemplo, ἤτοι... ἤ, ou...bem, e ainda a combinação: ἤτοι...ἤτοι significa ou...ou.

[138] Partícula pospositiva com função enfática ou de ligação, isto é, pode ser colocada em segunda posição na frase ou ser utilizada como uma conjunção aditiva "e" ou uma adversativa "mas".

[139] Exerce a função de um advérbio com o significado de "dos dois lados" ou "ao redor"; ou ainda o de uma preposição, cujo significado vai depender do caso que acompanha.

[140] Desempenha a função de um advérbio com o significado de "ao redor" ou "em torno de"; também o de uma preposição que terá um significado diferente de acordo com o do caso que acompanhar.

[141] O autor utiliza como exemplo Θεόδωρος (*Theódōros*) para mostrar que o nome significa "Presente de deus", mas Θεό (*Theó*) e δωρος (*dōros*), separadamente, não significam nada, daí ser um nome duplo.

[142] Demagogo ateniense, conhecido por se opor ao tratado de paz negociado por Nícias. Pereceu na mesma época que o general espartano Brásidas na batalha de Anfípolis, realizada em 422 a.C., o que favoreceu Nícias em seu intento de instituir a paz no conflito; v. Tucídides, *História da Guerra do Peloponeso*, V, 10. Em *Os Cavaleiros*, de Aristófanes, também encontramos várias referências — negativas — a esse político ateniense.

¹⁴³ Cidadãos da colônia grega de Massalia, que corresponde hoje à cidade de Marselha.

¹⁴⁴ Nome formado a partir de três outros: *Hermo* — *Kaïko* — *Xanthos*; exemplo de composição enfática.

¹⁴⁵ Lacuna no texto.

¹⁴⁶ Significa "lança" ou "dardo". O correlato de σίγυνον (*sígynon*) para os atenienses é σιβύνην (*sibýnēn*).

¹⁴⁷ "νηῦς δέ μοι ἥδ' εστηκεν" (*neûs dé moi hḗd' hestḕken*). Homero, *Odisseia*, I, 185.

¹⁴⁸ "ἣ δὴ μυρι Ὀδυσσεὺς ἐσθλὰ ἔοργεν" (é dè mypí' Odysseùs esthlà éorgen). Homero, *Odisseia*, XXIV, 308.

¹⁴⁹ "χαλκώ ἀπὸ ψυχὴν ἀρύσας" (*khalkṓi apó psýkhḕn arýsas*). Homero, *Ilíada*, II, 272.

¹⁵⁰ "τεμών ταναήκεϊ χαλκῶ" (*temôn tanaekeï khalkōi*). Homero, *Ilíada*, VII, 77.

¹⁵¹ Filho de Zeus e Sêmele, deus da vinha, do vinho e do delírio místico. Um episódio marca o nascimento de Dioniso: sua mãe pede a Zeus que lhe apareça com todo o seu esplendor. Zeus atende seu pedido; no entanto o fulgor divino foi tamanho que Sêmele transformou-se em cinzas. Antes disso, como estava grávida de seis meses, Zeus rapidamente retirou-lhe o filho e o costurou em sua coxa.

¹⁵² Filho de Zeus e de Hera, pertence à segunda geração dos deuses olímpicos. É considerado o deus da guerra, do combate. Sobre a origem de Ares, ler Hesíodo, *Teogonia*, 921-922.

¹⁵³ ἀσπίδα Διονύσου (*aspída Dionýson*).

¹⁵⁴ φιάλην Ἄρεως (*phiálēn Ápeōs*).

¹⁵⁵ γῆρας ἡμέρας (*gēras hēméras*).

¹⁵⁶ ἑσπέραν βίου (*hespéran bíou*).

¹⁵⁷ δυσμὰς βίου (*dysmàs bíou*).

[158] τὸν καρπὸν μέν ἀφιέναι (*tòn karpòn mèn aphiénai*).

[159] "σπείρων θεοκτίσταν φλόγα" (*speírōn theoktístan phlóga*).

[160] Tópico da obra que foi perdido.

[161] Literalmente, "galhos novos".

[162] Termo que significa "aquele que reza".

[163] Ambas as palavras significam "cidade".

[164] Ambos os nomes significam Pelida, literalmente, "Filho de Peleu", o epíteto de Aquiles em Homero.

[165] Note-se que, nos exemplos dados por Aristóteles, há alternâncias vocálicas nas palavras πόλεως (*póleōs*) por πόληος (*pólēos*) e Πηλείδου (*Pēleídou*) por Πηληιάδεω (*Pēlēiádeō*) que resultam em alongamento das vogais, dado que pode ser percebido pelos sinais de macro (̄) que indicam as vogais longas.

[166] κρῖ (*krî*) é uma abreviação de κριθή (*krithé*), que significa "cevada".

[167] δῶ (*do*) é uma abreviação de δῶμα (*dogma*), que significa "casa".

[168] "uma única visão se origina de ambos os olhos".

[169] "contra o seio do lado direito".

[170] "que está à direita", "direito".

[171] Nü, letra do alfabeto grego que corresponde ao nosso N.

[172] Rô, letra do alfabeto grego correspondente à nossa consoante R.

[173] Sigma, letra do alfabeto grego que corresponde à nossa consoante S.

[174] Psi, letra do alfabeto grego composta que não tem paralelo em nossa língua; podemos encontrá-la somente na forma composta, tal como ocorre na palavra "psicologia", daí Ψ equivaler ao nosso som de PS.

¹⁷⁵ Ksi, letra que equivale ao nosso X, e sua sonoridade equivale ao som do X da palavra táxi, por isso é identificada como uma consoante composta.

¹⁷⁶ Eta, letra do alfabeto grego que corresponde à nossa vogal E, mas com sonoridade longa, com a pronúncia aberta É.

¹⁷⁷ Ômega, letra do alfabeto grego correspondente ao nosso O; também é uma vogal longa, com a pronúncia aberta Ó.

¹⁷⁸ Alfa, letra do alfabeto grego que equivale ao nosso A, que pode ser tanto longa como breve. Neste exemplo de Aristóteles, o autor nos remete à longa, com a pronúncia aberta Á.

¹⁷⁹ Iota, letra do alfabeto grego que corresponde à nossa vogal I, que pode ser tanto longa como breve.

¹⁸⁰ "Mel."

¹⁸¹ "Goma."

¹⁸² "Pimenta."

¹⁸³ Ipsílon, letra do alfabeto grego que corresponde ao nosso U, com a pronúncia do u em francês.

¹⁸⁴ Lacuna no texto.

¹⁸⁵ Século V a.C., tornou-se conhecido por ser um mau poeta, principalmente pela comédia de Aristófanes *Rãs*, v. 1312.

¹⁸⁶ Aristóteles emprega esse mesmo verso em sua obra *Da Arte Retórica*, III, 2.

¹⁸⁷ Não dispomos de dados biográficos sobre esse poeta.

¹⁸⁸ "Vi-o feliz por marchar para Maratona"; certamente o poeta se refere a Ares, o deus da guerra. Maratona é uma cidade grega da Ática conhecida pela famosa batalha travada entre gregos e persas, vencida pelos primeiros em 490 a.C., e narrada nos livros VI e VII das *Histórias* de Heródoto. Aristóteles critica aí o uso do particípio βαδίζοντα (*badízonta*), por se tratar de um verbo utilizado na prosa, e ainda a sílaba βα, que é breve, se alonga em βα, um exemplo do

que vimos anteriormente que o α (alfa) pode ser breve ou longo; no caso da poesia, isso é perceptível pela métrica.

[189] "Não teria honrado o seu heléboro". Heléboro é uma espécie de planta medicinal utilizada para combater a loucura. O mesmo caso do exemplor anterior quanto ao particípio γεράμενος (*gerámenos*), ver nota anterior.

[190] O texto de Ésquilo não chegou até nós. Conhecemos apenas o *Filoctetes*, de Sófocles. O enredo se passa durante a Guerra de Troia, quando o herói Odisseu tem a missão de recuperar as armas de Héracles que estão com Filoctetes, o qual fora abandonado na ilha grega de Lemnos pelo próprio Odisseu. Segundo Sófocles, o resgate das armas traria a vitória dos gregos sobre os troianos.

[191] "Uma úlcera que come as carnes do meu pé."

[192] Significa "come", presente indicativo ativo terceira pessoa do singular do verbo "comer".

[193] Significa "banqueteia-se", presente indicativo médio terceira pessoa do singular do verbo "banquetear-se".

[194] "E agora sendo pequeno, inútil e indigno", em *Homero*, Odisseia, IX, 515.

[195] "E agora sendo ínfimo, fraco e disforme."

[196] "Após ter oferecido um vergonhoso assento e uma pequena mesa", em Homero, *Odisseia*, XX, 259.

[197] "Após ter oferecido um miserável assento e uma ínfima mesa."

[198] "As orlas mugem" seria substituída por "as orlas vociferam". A primeira expressão é encontrada em Homero, *Ilíada*, XVII, 265.

[199] Não há dados biográficos sobre esse poeta cômico.

[200] "das casas longe."

[201] "longe das casas."

[202] "longe de ti." Aristóteles quer dizer que em vez de σέθεν (*séthen*) pode ser usado ἀπό σου (*apó sou*).

²⁰³ "eu a ele." Aristóteles exemplifica o uso do νιν (*nin*) em vez de αὐτόν (*autón*), acusativo masculino singular usado para se referir à terceira pessoa do singular.

²⁰⁴ "de Aquiles a respeito."

²⁰⁵ "A respeito de Aquiles."

²⁰⁶ Batalha naval travada entre os gregos e os persas na ilha de Salamina, em 480 a.C., comandada pelo persa Xerxes e o ateniense Temístocles. A ilha próxima à Ática também é conhecida por ser a terra natal de Eurípides.

²⁰⁷ Cartago, cidade de colonização fenícia, era a cidade mais importante do norte da África. Disputava a hegemonia comercial do Mediterrâneo com a Sicília, outro grande entreposto comercial da época.

²⁰⁸ Na *Ilíada*, Canto II, 494-785, Homero invoca a Musa para que lhe revele quem dentre os chefes dos aqueus era o melhor, de onde elabora um catálogo das naus, declarando suas origens e quantas naus cada chefe trouxera.

²⁰⁹ Onze livros, datados do século VII a.C., compostos por Estásimo de Chipre, conhecido como poeta do ciclo troiano. Tais cantos inspiraram temas de muitas tragédias, como as bodas de Peleu e Tétis, o julgamento de Páris, o rapto de Helena, e outros.

²¹⁰ Atribuída a Arctino de Mileto, datada do século VIII a.C., ou ainda a Lesques de Lesbos, cujos heróis são Filoctetes, Neoptólemo e Odisseu.

²¹¹ Tema desenvolvido por Ésquilo em sua tragédia perdida, também citado, como episódio, no *Ájax*, de Sófocles.

²¹² Tema tratado na tragédia *Filoctetes*, de Sófocles. Neoptólemo, filho de Aquiles e de Didamia, rei de Siros. O herói nasceu logo após a partida de Aquiles para a Guerra de Troia e foi criado pelo avô Licomedes. Quando Aquiles morreu, houve um oráculo que determinava que buscasse Neoptólemo para participar da guerra, sob a pena de que sem ele os gregos jamais derrotariam os troianos. Outra condição era que o arco e as flechas de Héracles deveriam ser recuperados; esse é o enredo principal da peça *Filoctetes*.

²¹³ Peça de Sófocles, da qual temos apenas fragmentos. Eurípilo era um chefe da Tessália, filho de Évemon, que foi ferido por Páris durante a Guerra de Troia e socorrido por Pátroclo.

²¹⁴ Peça perdida de Sófocles que trata do episódio em que Odisseu se disfarça de mendigo.

²¹⁵ Tragédia perdida de Sófocles.

²¹⁶ Peça atribuída ao filho de Sófocles que não chegou aos nossos dias.

²¹⁷ Peça perdida atribuída a Iofon, filho de Sófocles.

²¹⁸ Atribuída a Sófocles, é mais uma peça perdida. Sínon é espião que os gregos deixaram em Troia, simulando sua partida, e sua missão era avisar os gregos quando os troianos entrassem com o cavalo na cidade.

²¹⁹ Tragédia de Eurípides na qual o tragediógrafo relata os infortúnios das troianas cativas da guerra, entre as quais estavam a rainha Hécuba e sua filha Polixena.

²²⁰ Peça de Eurípides sobre a filha de Agamêmnon e de Clitemnestra, que se revolta contra a mãe e o padrasto, por terem assassinado seu pai. Então, Electra recorre ao seu irmão Orestes para a concepção de um plano de vingança que culmina na morte dos assassinos de seu pai. Há outra peça homônima, perdida, de Sófocles, além de uma paródia de Ésquilo, também perdida. A *Electra* de Sófocles não é uma peça perdida, ela chegou até nós.

²²¹ Realizados de quatro em quatro anos na cidade de Delfos, em homenagem ao deus Apolo Pítio.

²²² Uma das cidades que compunham a região da Arcádia, no Peloponeso.

²²³ Região da Ásia Menor, localizada na Anatólia, entre a Bitínia e a Frígia.

²²⁴ Lacuna no texto.

²²⁵ Poeta e filósofo, século VI a.C., nascido em Colófon, na região da Iônia. Xenófanes é conhecido por atacar os relatos tradicionais

sobre os deuses, ora debochando deles, ora prescrevendo o que seria adequado escrever sobre eles. Não acreditava em deuses, mas em apenas um, eterno e imutável.

[226] Homero, *Ilíada*, X, 152-153.

[227] "οὐρῆας μὲν πρῶτον" (*oureas mén próton*). O acusativo masculino plural οὐρῆας (*ouréas*), como está no texto, pode referir-se a οὐρεύς (*oupeús*), isto é, "mula"; ou ainda ser um termo poético para ὀρεινός (*opeinós*), a saber, "montanhês", que em um sentido figurado pode ser "macho".

[228] Homero, *Ilíada*, I, 50.

[229] Troiano filho de Eumelo, morto por Odisseu e Diomedes.

[230] "ὅς ῥ ἦ τοι εἶδος μὲν ἔην κακός" (*hós r'é toi eidos éēn kakós*). Homero, *Ilíada*, X, 316.

[231] "ζωροτερον δέ κέραιε" (*zōrótepon dè képaie*). Homero, *Ilíada*, IX, 201-202.

[232] "πάντες μέν ῥα θεοί τε καὶ ἀνέρες εὗδον παννύχιοι" (*pántes mén ra theoí te kaì anéres eûdon pannýkhioi*). Homero, *Ilíada*, II, 1.

[233] "ἦ τοι ὅτ' ἐς πεδίον τὸ Τρωικόν ... ἀθρήσειεν, αὐλὼν συρίγγων τε ὕμαδον" (*é toi hót'es pedíon tò Trōikòn athreseien*). Homero, *Ilíada*, II, 2.

[234] "οἴη δ'ἄμμορος" (*oíē d' ámmoros*). Homero, *Ilíada*, XVIII, 489.

[235] "δίδομέν δε οἱ ευχος ἀρέσθαι" (*dídomen dé hoi eûkhos arésthai*). Homero, *Ilíada*, XXI, 297. A questão está em δίδομεν (*dídomen*) que poderia ser διδόμεν (*didómen*), o primeiro está no presente do indicativo primeira pessoa do plural e o segundo no infinitivo ativo presente, ambos do verbo δίδωμι (*dídōmi*) "dar", "conceder".

[236] "τὸ μὲν οὗ καταπύθεται ὄμβρῳ" (*tò mèn hoû katapýthetai ómbrōi*). Homero, *Ilíada*, XXIII, 328. Aqui, o pronome relativo οὗ (*hoû*) poderia ser substituído pelo advérbio de negação ου (*ou*), alterando o sentido do verso.

[237] "αἶψα δὲ θνήτ' ἐφύοντο τὰ πρὶν μάθον ἀθάνατά εἶναι ζωρά τε πρίν κέκρητο." (*aípsa dè thvét' ephúonto tà prìn máthon athánat' einai zōrá te prìv kékrēto*), o sentido dos versos mudaria se

houvesse uma vírgula antes de τε πρίν κέκρητο (*te prìv kékrēto*). Empédocles, fr. 35 Diels-Kranz.

[238] "παρῴχηκεν δέ πλεω νύξ" (*parōikhēken dè pléō nýx*). Homero, *Ilíada*, X, 252-253.

[239] "κνημίς νεοτεύκτου κασσιτέροιο" (*knēmìs veoteúktou kassitépoio*). Homero, *Ilíada*, XXI, 592-593.

[240] Filho de Tróos e de Calírroe, descendente da família real troiana, um jovem muito belo pelo qual Zeus se apaixonou; então o deus enviou sua águia para raptá-lo e trazê-lo para morar com ele no Olimpo. Para o deleite de Zeus, o jovem se tornou o seu escanção.

[241] "Δὺ οινοχοεὐειν" (*Dií oinokhoeúein*). Homero, *Ilíada*, IV, 3.

[242] "τῆ ῥ ἔσχετο χάλκεον ἔγχος" (*téi éskheto khálkeon énkhos*). Homero, *Ilíada*, XX, 72.

[243] Possivelmente Gláucon de Régio, autor de um tratado sobre poetas e músicos antigos.

[244] Filho de Perieres, descendente de Lacedemon, herói fundante da Lacedemônia. Irmão de Tíndaro e pai de Penélope, esposa de Odisseu e mãe de Telêmaco.

[245] Filho de Odisseu e de Penélope.

[246] Região situada na península do Peloponeso, cuja capital era Esparta.

[247] Lacuna no texto.

[248] Rei de Atenas, pai de Teseu; Eurípides conta que o rei acolheu Medeia em suas terras.

[249] Século V a.C., famoso ator de tragédias, do qual não dispomos de dados biográficos, apenas algumas referências nas biografias de Ésquilo e de Sófocles.

[250] Calípides também figura nas biografias de Ésquilo e de Sófocles, como Minisco; não temos mais informações sobre sua história de vida.

²⁵¹ Ator desconhecido.

²⁵² Rapsodo desconhecido.

²⁵³ Cantor sobre o qual não temos informações adicionais.

²⁵⁴ Cidade grega localizada na região da Lócrida Opúntia, sendo a sua capital.

²⁵⁵ Parte perdida do texto.

ΠΕΡΙ ΠΟΙΗΤΙΚΗΣ

(1447a) 1. Περὶ ποιητικῆς αὐτῆς τε καὶ τῶν εἰδῶν αὐτῆς, ἥν τινα δύναμιν ἕκαστον ἔχει, καὶ πῶς δεῖ συνίστασθαι τοὺς μύθους (10) εἰ μέλλει καλῶς ἕξειν ἡ ποίησις, ἔτι δὲ ἐκ πόσων καὶ ποίων ἐστὶ μορίων, ὁμοίως δὲ καὶ περὶ τῶν ἄλλων ὅσα τῆς αὐτῆς ἐστι μεθόδου, λέγωμεν ἀρξάμενοι κατὰ φύσιν πρῶτον ἀπὸ τῶν πρώτων.

2. ἐποποιία δὴ καὶ ἡ τῆς τραγῳδίας ποίησις ἔτι δὲ κωμῳδία καὶ ἡ διθυραμβοποιητικὴ καὶ τῆς (15) αὐλητικῆς ἡ πλείστη καὶ κιθαριστικῆς πᾶσαι τυγχάνουσιν οὖσαι μιμήσεις τὸ σύνολον· διαφέρουσι δὲ ἀλλήλων τρισίν, ἢ γὰρ τῷ ἐν ἑτέροις μιμεῖσθαι ἢ τῷ ἕτερα ἢ τῷ ἑτέρως καὶ μὴ τὸν αὐτὸν τρόπον.

3. ὥσπερ γὰρ καὶ χρώμασι καὶ σχήμασι πολλὰ μιμοῦνταί τινες ἀπεικάζοντες (οἱ μὲν (20) διὰ τέχνης οἱ δὲ διὰ συνηθείας), ἕτεροι δὲ διὰ τῆς φωνῆς, οὕτω κἀν ταῖς εἰρημέναις τέχναις ἅπασαι μὲν ποιοῦνται τὴν μίμησιν ἐν ῥυθμῷ καὶ λόγῳ καὶ ἁρμονίᾳ, τούτοις δ' ἢ χωρὶς ἢ μεμιγμένοις· οἷον ἁρμονίᾳ μὲν καὶ ῥυθμῷ χρώμεναι μόνον ἥ τε αὐλητικὴ καὶ ἡ κιθαριστικὴ κἂν εἴ τινες (25) ἕτεραι τυγχάνωσιν οὖσαι τοιαῦται τὴν δύναμιν, οἷον ἡ τῶν συρίγγων, αὐτῷ δὲ τῷ ῥυθμῷ [μιμοῦνται] χωρὶς ἁρμονίας ἡ τῶν ὀρχηστῶν (καὶ γὰρ οὗτοι διὰ τῶν σχηματιζομένων ῥυθμῶν μιμοῦνται καὶ ἤθη καὶ πάθη καὶ πράξεις)·

4. ἡ δὲ [ἐποποιία] μόνον τοῖς λόγοις ψιλοῖς <καὶ> ἡ τοῖς μέτροις καὶ τούτοις εἴτε
(1447b8) μιγνῦσα μετ' ἀλλήλων εἴθ' ἑνί τινι γένει χρωμένη τῶν μέτρων ἀνώνυμοι τυγχάνουσι μέχρι τοῦ νῦν· οὐδὲν γὰρ ἂν
10 ἔχοιμεν ὀνομάσαι κοινὸν τοὺς Σώφρονος καὶ Ξενάρχου μίμους καὶ τοὺς Σωκρατικοὺς λόγους οὐδὲ εἴ τις διὰ τριμέτρων ἢ ἐλεγείων ἢ τῶν ἄλλων τινῶν τῶν τοιούτων ποιοῖτο τὴν μίμησιν. πλὴν οἱ ἄνθρωποί γε συνάπτοντες τῷ μέτρῳ τὸ ποιεῖν ἐλεγειοποιοὺς τοὺς δὲ ἐποποιοὺς ὀνομάζουσιν, οὐχ ὡς (15) κατὰ τὴν μίμησιν ποιητὰς ἀλλὰ κοινῇ κατὰ τὸ μέτρον προσαγορεύοντες·
5. καὶ γὰρ ἂν ἰατρικὸν ἢ φυσικόν τι διὰ τῶν μέτρων ἐκφέρωσιν, οὕτω καλεῖν εἰώθασιν· οὐδὲν δὲ κοινόν ἐστιν Ὁμήρῳ καὶ Ἐμπεδοκλεῖ πλὴν τὸ μέτρον, διὸ τὸν μὲν ποιητὴν δίκαιον καλεῖν, τὸν δὲ φυσιολόγον μᾶλλον ἢ ποιη- (20) τήν· ὁμοίως δὲ κἂν εἴ τις ἅπαντα τὰ μέτρα μιγνύων ποιοῖτο τὴν μίμησιν καθάπερ Χαιρήμων ἐποίησε Κένταυρον μικτὴν ῥαψῳδίαν ἐξ ἁπάντων τῶν μέτρων, καὶ ποιητὴν προσαγορευτέον.
6. περὶ μὲν οὖν τούτων διωρίσθω τοῦτον τὸν τρόπον. εἰσὶ δέ τινες αἳ πᾶσι χρῶνται τοῖς εἰρη- (25) μένοις, λέγω δὲ οἷον ῥυθμῷ καὶ μέλει καὶ μέτρῳ, ὥσπερ ἥ τε τῶν διθυραμβικῶν ποίησις καὶ ἡ τῶν νόμων καὶ ἥ τε τραγῳδία καὶ ἡ κωμῳδία· διαφέρουσι δὲ ὅτι αἱ μὲν ἅμα πᾶσιν αἱ δὲ κατὰ μέρος. ταύτας μὲν οὖν λέγω τὰς διαφορὰς τῶν τεχνῶν ἐν οἷς ποιοῦνται τὴν μίμησιν.

II

(1448a) 7. Ἐπεὶ δὲ μιμοῦνται οἱ μιμούμενοι πράττοντας, ἀνάγκη δὲ τούτους ἢ σπουδαίους ἢ φαύλους εἶναι (τὰ γὰρ ἤθη σχεδὸν ἀεὶ τούτοις ἀκολουθεῖ μόνοις, κακίᾳ γὰρ καὶ ἀρετῇ τὰ ἤθη διαφέρουσι πάντες), ἤτοι βελτίονας ἢ καθ' ἡμᾶς ἢ χείρονας (5) ἢ καὶ τοιούτους, ὥσπερ οἱ γραφεῖς· Πολύγνωτος μὲν γὰρ κρείττους, Παύσων δὲ χείρους, Διονύσιος δὲ ὁμοίους εἴκαζεν. δῆλον δὲ ὅτι καὶ τῶν λεχθεισῶν ἑκάστη μιμήσεων ἕξει ταύτας τὰς διαφορὰς καὶ ἔσται ἑτέρα τῷ ἕτερα μιμεῖσθαι τοῦτον τὸν τρόπον.

8. καὶ γὰρ ἐν ὀρχήσει καὶ αὐλήσει καὶ (10) κιθαρίσει ἔστι γενέσθαι ταύτας τὰς ἀνομοιότητας, καὶ [τὸ] περὶ τοὺς λόγους δὲ καὶ τὴν ψιλομετρίαν, οἷον Ὅμηρος μὲν βελτίους, Κλεοφῶν δὲ ὁμοίους, Ἡγήμων δὲ ὁ Θάσιος <ὁ> τὰς παρῳδίας ποιήσας πρῶτος καὶ Νικοχάρης ὁ τὴν Δειλιάδα χείρους· ὁμοίως δὲ καὶ περὶ τοὺς διθυράμβους καὶ περὶ τοὺς (15) νόμους, ὥσπερ †γᾶς† Κύκλωπας Τιμόθεος καὶ Φιλόξενος μιμήσαιτο ἄν τις.

9. ἐν αὐτῇ δὲ τῇ διαφορᾷ καὶ ἡ τραγῳδία πρὸς τὴν κωμῳδίαν διέστηκεν· ἡ μὲν γὰρ χείρους ἡ δὲ βελτίους μιμεῖσθαι βούλεται τῶν νῦν.

III

10. Ἔτι δὲ τούτων τρίτη διαφορὰ τὸ ὡς ἕκαστα τούτων (20) μιμήσαιτο ἄν τις. καὶ γὰρ ἐν τοῖς αὐτοῖς καὶ τὰ αὐτὰ μιμεῖσθαι ἔστιν ὁτὲ μὲν ἀπαγγέλλοντα, ἢ ἕτερόν τι γιγνόμενον ὥσπερ Ὅμηρος ποιεῖ ἢ ὡς τὸν αὐτὸν καὶ μὴ μεταβάλλοντα, ἢ πάντας ὡς πράττοντας καὶ ἐνεργοῦντας †τοὺς μιμουμένους†. ἐν τρισὶ δὴ ταύταις διαφοραῖς ἡ μίμησίς ἐστιν, (25) ὥς εἴπομεν κατ' ἀρχάς, ἔν οἷς τε <καὶ ἃ> καὶ ὥς. ὥστε τῇ μὲν ὁ αὐτὸς ἂν εἴη μιμητὴς Ὁμήρῳ Σοφοκλῆς, μιμοῦνται γὰρ ἄμφω σπουδαίους, τῇ δὲ Ἀριστοφάνει, πράττοντας γὰρ μιμοῦνται καὶ δρῶντας ἄμφω.

11. ὅθεν καὶ δράματα καλεῖσθαί τινες αὐτά φασιν, ὅτι μιμοῦνται δρῶντας. διὸ καὶ (30) ἀντιποιοῦνται τῆς τε τραγῳδίας καὶ τῆς κωμῳδίας οἱ Δωριεῖς (τῆς μὲν

γὰρ κωμῳδίας οἵ τε ἐνταῦθα ὡς ἐπὶ τῆς παρ' αὑτοῖς δημοκρατίας γενομένης καὶ οἱ ἐκ Σικελίας, ἐκεῖθεν γὰρ ἦν Ἐπίχαρμος ὁ ποιητὴς πολλῷ πρότερος ὢν Χιωνίδου καὶ Μάγνητος· καὶ τῆς τραγῳδίας ἔνιοι (35) τῶν ἐν Πελοποννήσῳ) ποιούμενοι τὰ ὀνόματα σημεῖον· αὐτοὶ μὲν γὰρ κώμας τὰς περιοικίδας καλεῖν φασιν, Ἀθηναίους δὲ δήμους, ὡς κωμῳδοὺς οὐκ ἀπὸ τοῦ κωμάζειν λεχθέντας ἀλλὰ τῇ κατὰ κώμας πλάνῃ ἀτιμαζομένους ἐκ τοῦ ἄστεως·

1448b καὶ τὸ ποιεῖν αὐτοὶ μὲν δρᾶν, Ἀθηναίους δὲ πράττειν προσαγορεύειν.
12. περὶ μὲν οὖν τῶν διαφορῶν καὶ πόσαι καὶ τίνες τῆς μιμήσεως εἰρήσθω ταῦτα.

IV

13. Ἐοίκασι δὲ γεννῆσαι μὲν ὅλως τὴν ποιητικὴν αἰτίαι (5) δύο τινὲς καὶ αὗται φυσικαί. τό τε γὰρ μιμεῖσθαι σύμφυτον τοῖς ἀνθρώποις ἐκ παίδων ἐστὶ καὶ τούτῳ διαφέρουσι τῶν ἄλλων ζῴων ὅτι μιμητικώτατόν ἐστι καὶ τὰς μαθήσεις ποιεῖται διὰ μιμήσεως τὰς πρώτας, καὶ τὸ χαίρειν τοῖς μιμήμασι πάντας.
14. σημεῖον δὲ τούτου τὸ συμβαῖνον (10) ἐπὶ τῶν ἔργων· ἃ γὰρ αὐτὰ λυπηρῶς ὁρῶμεν, τούτων τὰς εἰκόνας τὰς μάλιστα ἠκριβωμένας χαίρομεν θεωροῦντες, οἷον θηρίων τε μορφὰς τῶν ἀτιμοτάτων καὶ νεκρῶν. αἴτιον δὲ καὶ τούτου, ὅτι μανθάνειν οὐ μόνον τοῖς φιλοσόφοις ἥδιστον ἀλλὰ καὶ τοῖς ἄλλοις ὁμοίως, ἀλλ' ἐπὶ βραχὺ κοινωνοῦ- (15) σιν αὐτοῦ. διὰ γὰρ τοῦτο χαίρουσι τὰς εἰκόνας ὁρῶντες, ὅτι συμβαίνει θεωροῦντας μανθάνειν καὶ συλλογίζεσθαι τί ἕκαστον, οἷον ὅτι οὗτος ἐκεῖνος· ἐπεὶ ἐὰν μὴ τύχῃ προεωρακώς, οὐχ ᾗ μίμημα ποιήσει τὴν ἡδονὴν ἀλλὰ διὰ τὴν ἀπεργασίαν ἢ τὴν χροιὰν ἢ διὰ τοιαύτην τινὰ ἄλλην αἰτίαν.

15. (20) κατὰ φύσιν δὲ ὄντος ἡμῖν τοῦ μιμεῖσθαι καὶ τῆς ἁρμονίας καὶ τοῦ ῥυθμοῦ (τὰ γὰρ μέτρα ὅτι μόρια τῶν ῥυθμῶν ἐστι φανερὸν) ἐξ ἀρχῆς οἱ πεφυκότες πρὸς αὐτὰ μάλιστα κατὰ μικρὸν προάγοντες ἐγέννησαν τὴν ποίησιν ἐκ τῶν αὐτοσχεδιασμάτων.

16. διεσπάσθη δὲ κατὰ τὰ οἰκεῖα ἤθη ἡ ποίησις· (25) οἱ μὲν γὰρ σεμνότεροι τὰς καλὰς ἐμιμοῦντο πράξεις καὶ τὰς τῶν τοιούτων, οἱ δὲ εὐτελέστεροι τὰς τῶν φαύλων, πρῶτον ψόγους ποιοῦντες, ὥσπερ ἕτεροι ὕμνους καὶ ἐγκώμια. τῶν μὲν οὖν πρὸ Ὁμήρου οὐδενὸς ἔχομεν εἰπεῖν τοιοῦτον ποίημα, εἰκὸς δὲ εἶναι πολλούς, ἀπὸ δὲ Ὁμήρου ἀρξαμένοις (30) ἔστιν, οἷον ἐκείνου ὁ Μαργίτης καὶ τὰ τοιαῦτα. ἐν οἷς κατὰ τὸ ἁρμόττον καὶ τὸ ἰαμβεῖον ἦλθε μέτρον – διὸ καὶ ἰαμβεῖον καλεῖται νῦν, ὅτι ἐν τῷ μέτρῳ τούτῳ ἰάμβιζον ἀλλήλους. καὶ ἐγένοντο τῶν παλαιῶν οἱ μὲν ἡρωικῶν οἱ δὲ ἰάμβων ποιηταί.

17. ὥσπερ δὲ καὶ τὰ σπουδαῖα μάλιστα ποιητὴς Ὅμηρος (35) ἦν (μόνος γὰρ οὐχ ὅτι εὖ ἀλλὰ καὶ μιμήσεις δραματικὰς ἐποίησεν), οὕτως καὶ τὸ τῆς κωμῳδίας σχῆμα πρῶτος ὑπέδειξεν, οὐ ψόγον ἀλλὰ τὸ γελοῖον δραματοποιήσας· ὁ γὰρ Μαργίτης ἀνάλογον ἔχει, ὥσπερ Ἰλιὰς (**1449a**) καὶ ἡ Ὀδύσσεια πρὸς τὰς τραγῳδίας, οὕτω καὶ οὗτος πρὸς τὰς κωμῳδίας.

18. παραφανείσης δὲ τῆς τραγῳδίας καὶ κωμῳδίας οἱ ἐφ' ἑκατέραν τὴν ποίησιν ὁρμῶντες κατὰ τὴν οἰκείαν φύσιν οἱ μὲν ἀντὶ τῶν ἰάμβων κωμῳδοποιοὶ ἐγέ- (5) νοντο, οἱ δὲ ἀντὶ τῶν ἐπῶν τραγῳδοδιδάσκαλοι, διὰ τὸ μείζω καὶ ἐντιμότερα τὰ σχήματα εἶναι ταῦτα ἐκείνων.

19. τὸ μὲν οὖν ἐπισκοπεῖν εἰ ἄρα ἔχει ἤδη ἡ τραγῳδία τοῖς εἴδεσιν ἱκανῶς ἢ οὔ, αὐτό τε καθ' αὑτὸ κρῖναι καὶ πρὸς τὰ θέατρα, ἄλλος λόγος.

20. γενομένη δ' οὖν ἀπ' ἀρχῆς αὐτο- (10) σχεδιαστικῆς – καὶ αὐτὴ καὶ ἡ κωμῳδία, καὶ ἡ μὲν ἀπὸ τῶν ἐξαρχόντων τὸν διθύραμβον, ἡ δὲ ἀπὸ τῶν τὰ φαλλικὰ ἃ ἔτι καὶ νῦν ἐν πολλαῖς τῶν πόλεων διαμένει νομιζόμενα – κατὰ μικρὸν ηὐξήθη προαγόντων ὅσον ἐγίγνετο φανερὸν αὐτῆς· καὶ πολλὰς μεταβολὰς μεταβαλοῦσα ἡ (15) τραγῳδία ἐπαύσατο, ἐπεὶ ἔσχε τὴν αὑτῆς φύσιν. καὶ τό τε τῶν ὑποκριτῶν πλῆθος ἐξ ἑνὸς εἰς δύο πρῶτος Αἰσχύλος ἤγαγε καὶ τὰ τοῦ χοροῦ ἠλάττωσε καὶ τὸν λόγον πρωταγωνιστεῖν παρεσκεύασεν· τρεῖς δὲ καὶ σκηνογραφίαν Σοφοκλῆς. ἔτι δὲ τὸ μέγεθος· ἐκ μικρῶν μύθων καὶ λέ- (20) ξεως γελοίας διὰ τὸ ἐκ σατυρικοῦ μεταβαλεῖν ὀψὲ ἀπεσεμνύνθη, τό τε μέτρον ἐκ τετραμέτρου ἰαμβεῖον ἐγένετο. τὸ μὲν γὰρ πρῶτον τετραμέτρῳ ἐχρῶντο διὰ τὸ σατυρικὴν καὶ ὀρχηστικωτέραν εἶναι τὴν ποίησιν, λέξεως δὲ γενομένης αὐτὴ ἡ φύσις τὸ οἰκεῖον μέτρον εὗρε· μάλιστα γὰρ λεκτι- (25) κὸν τῶν μέτρων τὸ ἰαμβεῖόν ἐστιν· σημεῖον δὲ τούτου, πλεῖστα γὰρ ἰαμβεῖα λέγομεν ἐν τῇ διαλέκτῳ τῇ πρὸς ἀλλήλους, ἑξάμετρα δὲ ὀλιγάκις καὶ ἐκβαίνοντες τῆς λεκτικῆς ἁρμονίας. ἔτι δὲ ἐπεισοδίων πλήθη.

21. καὶ τὰ ἄλλ' ὡς (30) ἕκαστα κοσμηθῆναι λέγεται ἔστω ἡμῖν εἰρημένα· πολὺ γὰρ ἂν ἴσως ἔργον εἴη διεξιέναι καθ' ἕκαστον.

V

22. Ἡ δὲ κωμῳδία ἐστὶν ὥσπερ εἴπομεν μίμησις φαυλοτέρων μέν, οὐ μέντοι κατὰ πᾶσαν κακίαν, ἀλλὰ τοῦ αἰσχροῦ ἐστι τὸ γελοῖον μόριον. τὸ γὰρ γελοῖόν ἐστιν ἁμάρ- (35) τημά τι καὶ αἶσχος ἀνώδυνον καὶ οὐ φθαρτικόν, οἷον εὐθὺς τὸ γελοῖον πρόσωπον αἰσχρόν τι καὶ διεστραμμένον ἄνευ ὀδύνης.

23. αἱ μὲν οὖν τῆς τραγῳδίας μεταβάσεις καὶ δι' ὧν ἐγένοντο οὐ λελήθασιν, ἡ δὲ κωμῳδία διὰ τὸ μὴ

(**1449b**) σπουδάζεσθαι ἐξ ἀρχῆς ἔλαθεν· καὶ γὰρ χορὸν κωμῳδῶν ὀψέ ποτε ὁ ἄρχων ἔδωκεν, ἀλλ' ἐθελονταὶ ἦσαν. ἤδη δὲ σχήματά τινα αὐτῆς ἐχούσης οἱ λεγόμενοι αὐτῆς ποιηταὶ μνημονεύονται. τίς δὲ πρόσωπα ἀπέδωκεν ἢ προλόγους ἢ (5) πλήθη ὑποκριτῶν καὶ ὅσα τοιαῦτα, ἠγνόηται. τὸ δὲ μύθους ποιεῖν [Ἐπίχαρμος καὶ Φόρμις] τὸ μὲν ἐξ ἀρχῆς ἐκ Σικελίας ἦλθε, τῶν δὲ Ἀθήνησιν Κράτης πρῶτος ἦρξεν ἀφέμενος τῆς ἰαμβικῆς ἰδέας καθόλου ποιεῖν λόγους καὶ μύθους.

24. ἡ μὲν οὖν ἐποποιία τῇ τραγῳδίᾳ μέχρι μὲν τοῦ (10) μετὰ μέτρου λόγῳ μίμησις εἶναι σπουδαίων ἠκολούθησεν· τῷ δὲ τὸ μέτρον ἁπλοῦν ἔχειν καὶ ἀπαγγελίαν εἶναι, ταύτῃ διαφέρουσιν· ἔτι δὲ τῷ μήκει· ἡ μὲν ὅτι μάλιστα πειρᾶται ὑπὸ μίαν περίοδον ἡλίου εἶναι ἢ μικρὸν ἐξαλλάττειν, ἡ δὲ ἐποποιία ἀόριστος τῷ χρόνῳ καὶ τούτῳ διαφέρει, καίτοι (15) τὸ πρῶτον ὁμοίως ἐν ταῖς τραγῳδίαις τοῦτο ἐποίουν καὶ ἐν τοῖς ἔπεσιν. μέρη δ' ἐστὶ τὰ μὲν ταὐτά, τὰ δὲ ἴδια τῆς τραγῳδίας·

25. διόπερ ὅστις περὶ τραγῳδίας οἶδε σπουδαίας καὶ φαύλης, οἶδε καὶ περὶ ἐπῶν· ἃ μὲν γὰρ ἐποποιία ἔχει, ὑπάρχει τῇ τραγῳδίᾳ, ἃ δὲ αὐτῇ, οὐ πάντα ἐν τῇ (20) ἐποποιίᾳ.

VI

26. Περὶ μὲν οὖν τῆς ἐν ἑξαμέτροις μιμητικῆς καὶ περὶ κωμῳδίας ὕστερον ἐροῦμεν· περὶ δὲ τραγῳδίας λέγωμεν ἀναλαβόντες αὐτῆς ἐκ τῶν εἰρημένων τὸν γινόμενον ὅρον τῆς οὐσίας.

27. ἔστιν οὖν τραγῳδία μίμησις πράξεως σπουδαίας (25) καὶ τελείας μέγεθος ἐχούσης, ἡδυσμένῳ λόγῳ χωρὶς ἑκάστῳ τῶν εἰδῶν ἐν τοῖς μορίοις, δρώντων καὶ οὐ δι' ἀπαγγελίας, δι' ἐλέου καὶ φόβου περαίνουσα τὴν τῶν τοιούτων παθημάτων κάθαρσιν.

28. λέγω δὲ ἡδυσμένον μὲν λόγον τὸν ἔχοντα ῥυθμὸν καὶ ἁρμονίαν [καὶ μέλος], τὸ δὲ χωρὶς τοῖς (30) εἴδεσι τὸ διὰ μέτρων ἔνια μόνον περαίνεσθαι καὶ πάλιν ἕτερα διὰ μέλους.

29. ἐπεὶ δὲ πράττοντες ποιοῦνται τὴν μίμησιν, πρῶτον μὲν ἐξ ἀνάγκης ἂν εἴη τι μόριον τραγῳδίας ὁ τῆς ὄψεως κόσμος· εἶτα μελοποιία καὶ λέξις, ἐν τούτοις γὰρ ποιοῦνται τὴν μίμησιν. λέγω δὲ λέξιν μὲν αὐτὴν τὴν τῶν (35) μέτρων σύνθεσιν, μελοποιίαν δὲ ὃ τὴν δύναμιν φανερὰν ἔχει πᾶσαν.

30. ἐπεὶ δὲ πράξεώς ἐστι μίμησις, πράττεται δὲ ὑπὸ τινῶν πραττόντων, οὓς ἀνάγκη ποιούς τινας εἶναι κατά τε τὸ ἦθος καὶ τὴν διάνοιαν (διὰ γὰρ τούτων καὶ τὰς **(1450a)** πράξεις εἶναί φαμεν ποιάς τινας [πέφυκεν αἴτια δύο τῶν πράξεων εἶναι, διάνοια καὶ ἦθος] καὶ κατὰ ταύτας καὶ τυγχάνουσι καὶ ἀποτυγχάνουσι πάντες), ἔστιν δὲ τῆς μὲν πράξεως ὁ μῦθος ἡ μίμησις, λέγω γὰρ μῦθον τοῦτον τὴν (5) σύνθεσιν τῶν πραγμάτων, τὰ δὲ ἤθη, καθ᾽ ὃ ποιούς τινας εἶναί φαμεν τοὺς πράττοντας, διάνοιαν δέ, ἐν ὅσοις λέγοντες ἀποδεικνύασίν τι ἢ καὶ ἀποφαίνονται γνώμην –

31. ἀνάγκη οὖν πάσης τῆς τραγῳδίας μέρη εἶναι ἕξ, καθ᾽ ὃ ποιά τις ἐστὶν ἡ τραγῳδία· ταῦτα δ᾽ ἐστὶ μῦθος καὶ ἤθη καὶ λέξις καὶ (10) διάνοια καὶ ὄψις καὶ μελοποιία. οἷς μὲν γὰρ μιμοῦνται, δύο μέρη ἐστίν, ὡς δὲ μιμοῦνται, ἕν, ἃ δὲ μιμοῦνται, τρία, καὶ παρὰ ταῦτα οὐδέν. τούτοις μὲν οὖν †οὐκ ὀλίγοι αὐτῶν† ὡς εἰπεῖν κέχρηνται τοῖς εἴδεσιν· καὶ γὰρ †ὄψις ἔχει πᾶν† καὶ ἦθος καὶ μῦθον καὶ λέξιν καὶ μέλος καὶ διάνοιαν ὡσαύτως.

32. (15) μέγιστον δὲ τούτων ἐστὶν ἡ τῶν πραγμάτων σύστασις. ἡ γὰρ τραγῳδία μίμησίς ἐστιν οὐκ ἀνθρώπων ἀλλὰ πράξεων καὶ βίου [καὶ εὐδαιμονία καὶ κακοδαιμονία ἐν πράξει ἐστίν, καὶ τὸ τέλος πρᾶξίς τις ἐστίν, οὐ ποιότης· εἰσὶν δὲ κατὰ μὲν τὰ ἤθη ποιοί τινες, κατὰ δὲ τὰς (20) πράξεις εὐδαίμονες ἢ τοὐναντίον]· οὔκουν ὅπως τὰ ἤθη μιμήσωνται πράττουσιν, ἀλλὰ τὰ ἤθη συμπεριλαμβάνουσιν διὰ τὰς πράξεις· ὥστε τὰ πράγματα καὶ ὁ μῦθος τέλος τῆς τραγῳδίας, τὸ δὲ τέλος μέγιστον ἁπάντων.

33. ἔτι ἄνευ μὲν πράξεως οὐκ ἂν γένοιτο τραγῳδία, ἄνευ δὲ ἠθῶν γέ- (25) νοιτ᾽ ἄν· αἱ γὰρ τῶν νέων τῶν πλείστων ἀήθεις τραγῳδίαι εἰσίν, καὶ ὅλως ποιηταὶ πολλοὶ τοιοῦτοι, οἷον καὶ τῶν γραφέων Ζεῦξις πρὸς Πολύγνωτον πέπονθεν· ὁ μὲν γὰρ Πολύγνωτος ἀγαθὸς ἠθογράφος, ἡ δὲ Ζεύξιδος γραφὴ οὐδὲν ἔχει ἦθος.

34. ἔτι ἐάν τις ἐφεξῆς θῇ ῥήσεις ἠθικὰς καὶ λέξει (30) καὶ διανοίᾳ εὖ πεποιημένας, οὐ ποιήσει ὃ ἦν τῆς τραγῳδίας ἔργον, ἀλλὰ πολὺ μᾶλλον ἡ καταδεεστέροις τούτοις κεχρημένη τραγῳδία, ἔχουσα δὲ μῦθον καὶ σύστασιν πραγμάτων. πρὸς δὲ τούτοις τὰ μέγιστα οἷς ψυχαγωγεῖ ἡ τραγῳδία τοῦ μύθου μέρη ἐστίν, αἵ τε περιπέτειαι καὶ ἀνα- (35) γνωρίσεις. ἔτι σημεῖον ὅτι καὶ οἱ ἐγχειροῦντες ποιεῖν πρότερον δύνανται τῇ λέξει καὶ τοῖς ἤθεσιν ἀκριβοῦν ἢ τὰ πράγματα συνίστασθαι, οἷον καὶ οἱ πρῶτοι ποιηταὶ σχεδὸν ἅπαντες.

35. ἀρχὴ μὲν οὖν καὶ οἷον ψυχὴ ὁ μῦθος τῆς τραγῳδίας, δεύτερον δὲ τὰ ἤθη (παραπλήσιον γάρ ἐστιν καὶ (**1450b**) ἐπὶ τῆς γραφικῆς· εἰ γάρ τις ἐναλείψειε τοῖς καλλίστοις φαρμάκοις χύδην, οὐκ ἂν ὁμοίως εὐφράνειεν καὶ λευκογραφήσας εἰκόνα)· ἔστιν τε μίμησις πράξεως καὶ διὰ ταύτην μάλιστα τῶν πραττόντων.

36. τρίτον δὲ ἡ διάνοια· τοῦτο δέ (5) ἐστιν τὸ λέγειν δύνασθαι τὰ ἐνόντα καὶ τὰ ἁρμόττοντα, ὅπερ ἐπὶ τῶν λόγων τῆς πολιτικῆς καὶ ῥητορικῆς ἔργον ἐστίν· οἱ μὲν γὰρ ἀρχαῖοι πολιτικῶς ἐποίουν λέγοντας, οἱ δὲ νῦν

ῥητορικῶς. ἔστιν δὲ ἦθος μὲν τὸ τοιοῦτον ὅ δηλοῖ τὴν προαίρεσιν, ὁποία τις [ἐν οἷς οὐκ ἔστι δῆλον ἢ προ- (10) αιρεῖται ἢ φεύγει] – διόπερ οὐκ ἔχουσιν ἦθος τῶν λόγων ἐν οἷς μηδ' ὅλως ἔστιν ὅ τι προαιρεῖται ἢ φεύγει ὁ λέγων – διάνοια δὲ ἐν οἷς ἀποδεικνύουσί τι ὡς ἔστιν ἢ ὡς οὐκ ἔστιν ἢ καθόλου τι ἀποφαίνονται.

37. τέταρτον δὲ †τῶν μὲν λόγων† ἡ λέξις· λέγω δέ, ὥσπερ πρότερον εἴρηται, λέξιν εἶναι τὴν διὰ τῆς ὀνομασίας ἑρμηνείαν, ὃ καὶ ἐπὶ τῶν ἐμμέτρων καὶ (15) ἐπὶ τῶν λόγων ἔχει τὴν αὐτὴν δύναμιν.

38. τῶν δὲ λοιπῶν ἡ μελοποιία μέγιστον τῶν ἡδυσμάτων,

39. ἡ δὲ ὄψις ψυχαγωγικὸν μέν, ἀτεχνότατον δὲ καὶ ἥκιστα οἰκεῖον τῆς ποιητικῆς· ἡ γὰρ τῆς τραγῳδίας δύναμις καὶ ἄνευ ἀγῶνος καὶ ὑποκριτῶν ἔστιν, ἔτι δὲ κυριωτέρα περὶ τὴν ἀπεργασίαν (20) τῶν ὄψεων ἡ τοῦ σκευοποιοῦ τέχνη τῆς τῶν ποιητῶν ἐστιν.

II

40. Διωρισμένων δὲ τούτων, λέγωμεν μετὰ ταῦτα ποίαν τινὰ δεῖ τὴν σύστασιν εἶναι τῶν πραγμάτων, ἐπειδὴ τοῦτο καὶ πρῶτον καὶ μέγιστον τῆς τραγῳδίας ἐστίν.

41. κεῖται δὴ ἡμῖν τὴν τραγῳδίαν τελείας καὶ ὅλης πράξεως εἶναι μί- (25) μησιν ἐχούσης τι μέγεθος· ἔστιν γὰρ ὅλον καὶ μηδὲν ἔχον μέγεθος. ὅλον δέ ἐστιν τὸ ἔχον ἀρχὴν καὶ μέσον καὶ τελευτήν. ἀρχὴ δέ ἐστιν ὃ αὐτὸ μὲν μὴ ἐξ ἀνάγκης μετ' ἄλλο ἐστίν, μετ' ἐκεῖνο δ' ἕτερον πέφυκεν εἶναι ἢ γίνεσθαι· τελευτὴ δὲ τοὐναντίον ὃ αὐτὸ μὲν μετ' ἄλλο πέφυκεν εἶναι ἢ (30) ἐξ ἀνάγκης ἢ ὡς ἐπὶ τὸ πολύ, μετὰ δὲ τοῦτο ἄλλο οὐδέν· μέσον δὲ ὃ καὶ αὐτὸ μετ' ἄλλο καὶ μετ' ἐκεῖνο ἕτερον.

43. δεῖ ἄρα τοὺς συνεστῶτας εὖ μύθους μήθ' ὁπόθεν ἔτυχεν ἄρχεσθαι μήθ' ὅπου ἔτυχε τελευτᾶν, ἀλλὰ κεχρῆσθαι ταῖς εἰρημέναις ἰδέαις.

44. ἔτι δ' ἐπεὶ τὸ καλὸν καὶ ζῶον καὶ ἅπαν (35) πρᾶγμα ὃ συνέστηκεν ἐκ τινῶν οὐ μόνον ταῦτα τεταγμένα δεῖ ἔχειν ἀλλὰ καὶ μέγεθος ὑπάρχειν μὴ τὸ τυχόν· τὸ γὰρ καλὸν ἐν μεγέθει καὶ τάξει ἐστίν, διὸ οὔτε πάμμικρον ἄν τι γένοιτο καλὸν ζῶον (συγχεῖται γὰρ ἡ θεωρία ἐγγὺς τοῦ ἀναισθήτου χρόνου γινομένη) οὔτε παμμέγεθες (οὐ γὰρ (**1451a**) ἅμα ἡ θεωρία γίνεται ἀλλ' οἴχεται τοῖς θεωροῦσι τὸ ἓν καὶ τὸ ὅλον ἐκ τῆς θεωρίας) οἷον εἰ μυρίων σταδίων εἴη ζῷον· ὥστε δεῖ καθάπερ ἐπὶ τῶν σωμάτων καὶ ἐπὶ τῶν ζῴων ἔχειν μὲν μέγεθος, τοῦτο δὲ εὐσύνοπτον εἶναι, οὕτω (5) καὶ ἐπὶ τῶν μύθων ἔχειν μὲν μῆκος, τοῦτο δὲ εὐμνημόνευτον εἶναι.

45. τοῦ δὲ μήκους ὅρος <ὁ> μὲν πρὸς τοὺς ἀγῶνας καὶ τὴν αἴσθησιν οὐ τῆς τέχνης ἐστίν· εἰ γὰρ ἔδει ἑκατὸν τραγῳδίας ἀγωνίζεσθαι, πρὸς κλεψύδρας ἂν ἠγωνίζοντο, †ὥσπερ ποτὲ καὶ ἄλλοτέ φασιν†. ὁ δὲ κατ' αὐτὴν τὴν (10) φύσιν τοῦ πράγματος ὅρος, ἀεὶ μὲν ὁ μείζων μέχρι τοῦ σύνδηλος εἶναι καλλίων ἐστὶ κατὰ τὸ μέγεθος· ὡς δὲ ἁπλῶς διορίσαντας εἰπεῖν, ἐν ὅσῳ μεγέθει κατὰ τὸ εἰκὸς ἢ τὸ ἀναγκαῖον ἐφεξῆς γιγνομένων συμβαίνει εἰς εὐτυχίαν ἐκ δυστυχίας ἢ ἐξ εὐτυχίας εἰς δυστυχίαν μεταβάλλειν, ἱκανὸς (15) ὅρος ἐστὶν τοῦ μεγέθους.

VIII

46. Μῦθος δ' ἐστὶν εἷς οὐχ ὥσπερ τινὲς οἴονται ἐὰν περὶ ἕνα ᾖ· πολλὰ γὰρ καὶ ἄπειρα τῷ ἑνὶ συμβαίνει, ἐξ ὧν ἐνίων οὐδέν ἐστιν ἕν· οὕτως δὲ καὶ πράξεις ἑνὸς πολλαί εἰσιν, ἐξ ὧν μία οὐδεμία γίνεται πρᾶξις.

47. διὸ πάντες ἐοίκασιν (20) ἁμαρτάνειν ὅσοι τῶν ποιητῶν Ἡρακληίδα Θησηίδα καὶ τὰ τοιαῦτα ποιήματα πεποιήκασιν· οἴονται γάρ, ἐπεὶ εἷς ἦν ὁ Ἡρακλῆς, ἕνα καὶ τὸν μῦθον εἶναι προσήκειν.

48. ὁ δ' Ὅμηρος ὥσπερ καὶ τὰ ἄλλα διαφέρει καὶ τοῦτ' ἔοικεν καλῶς ἰδεῖν, ἤτοι διὰ τέχνην ἢ διὰ φύσιν· Ὀδύσσειαν (25) γὰρ ποιῶν οὐκ ἐποίησεν ἅπαντα ὅσα αὐτῷ συνέβη, οἷον πληγῆναι μὲν ἐν τῷ Παρνασσῷ, μανῆναι δὲ προσποιήσασθαι ἐν τῷ ἀγερμῷ, ὧν οὐδὲν θατέρου γενομένου ἀναγκαῖον ἦν ἢ εἰκὸς θάτερον γενέσθαι, ἀλλὰ περὶ μίαν πρᾶξιν οἵαν λέγομεν τὴν Ὀδύσσειαν συνέστησεν, ὁμοίως δὲ καὶ τὴν Ἰλιά- (30) δα.

49. χρὴ οὖν, καθάπερ καὶ ἐν ταῖς ἄλλαις μιμητικαῖς ἡ μία μίμησις ἑνός ἐστιν, οὕτω καὶ τὸν μῦθον, ἐπεὶ πράξεως μίμησίς ἐστι, μιᾶς τε εἶναι καὶ ταύτης ὅλης, καὶ τὰ μέρη συνεστάναι τῶν πραγμάτων οὕτως ὥστε μετατιθεμένου τινὸς μέρους ἢ ἀφαιρουμένου διαφέρεσθαι καὶ κινεῖσθαι τὸ ὅλον· ὃ γὰρ προσὸν (35) ἢ μὴ προσὸν μηδὲν ποιεῖ ἐπίδηλον, οὐδὲν μόριον τοῦ ὅλου ἐστίν.

IX

50. Φανερὸν δὲ ἐκ τῶν εἰρημένων καὶ ὅτι οὐ τὸ τὰ γενόμενα λέγειν, τοῦτο ποιητοῦ ἔργον ἐστίν, ἀλλ' οἷα ἂν γένοιτο καὶ τὰ δυνατὰ κατὰ τὸ εἰκὸς ἢ τὸ ἀναγκαῖον. ὁ γὰρ (**1451b**) ἱστορικὸς καὶ ὁ ποιητὴς οὐ τῷ ἢ ἔμμετρα λέγειν ἢ ἄμετρα διαφέρουσιν (εἴη γὰρ ἂν τὰ Ἡροδότου εἰς μέτρα τεθῆναι καὶ οὐδὲν ἧττον ἂν εἴη ἱστορία τις μετὰ μέτρου ἢ ἄνευ μέτρων)· ἀλλὰ τούτῳ διαφέρει, τῷ τὸν μὲν τὰ γενόμενα λέ- (5) γειν, τὸν δὲ οἷα ἂν γένοιτο. διὸ καὶ φιλοσοφώτερον καὶ σπουδαιότερον ποίησις ἱστορίας ἐστίν· ἡ μὲν γὰρ ποίησις μᾶλλον τὰ καθόλου, ἡ δ' ἱστορία τὰ καθ' ἕκαστον λέγει. ἔστιν δὲ καθόλου μέν, τῷ ποίῳ τὰ ποῖα ἄττα συμβαίνει λέγειν ἢ πράττειν κατὰ τὸ εἰκὸς ἢ τὸ ἀναγκαῖον, οὗ στο- (10) χάζεται ἡ ποίησις ὀνόματα ἐπιτιθεμένη· τὸ δὲ καθ' ἕκαστον, τί Ἀλκιβιάδης ἔπραξεν ἢ τί ἔπαθεν.

51. ἐπὶ μὲν οὖν τῆς κωμῳδίας ἤδη τοῦτο δῆλον γέγονεν· συστήσαντες γὰρ τὸν μῦθον διὰ τῶν εἰκότων οὕτω τὰ τυχόντα ὀνόματα ὑποτιθέασιν, καὶ οὐχ ὥσπερ οἱ ἰαμβοποιοὶ περὶ τὸν καθ' ἕκαστον (15) ποιοῦσιν.

52. ἐπὶ δὲ τῆς τραγῳδίας τῶν γενομένων ὀνομάτων ἀντέχονται. αἴτιον δ' ὅτι πιθανόν ἐστι τὸ δυνατόν· τὰ μὲν οὖν μὴ γενόμενα οὔπω πιστεύομεν εἶναι δυνατά, τὰ δὲ γενόμενα φανερὸν ὅτι δυνατά· οὐ γὰρ ἂν ἐγένετο, εἰ ἦν ἀδύνατα.

53. οὐ μὴν ἀλλὰ καὶ ἐν ταῖς τραγῳδίαις ἐν ἐνίαις μὲν ἓν (20) ἢ δύο τῶν γνωρίμων ἐστὶν ὀνομάτων, τὰ δὲ ἄλλα πεποιημένα, ἐν ἐνίαις δὲ οὐθέν, οἷον ἐν τῷ Ἀγάθωνος Ἀνθεῖ· ὁμοίως γὰρ ἐν τούτῳ τά τε πράγματα καὶ τὰ ὀνόματα πεποίηται, καὶ οὐδὲν ἧττον εὐφραίνει. ὥστ' οὐ πάντως εἶναι ζητητέον τῶν παραδεδομένων μύθων, περὶ οὓς αἱ τραγῳδίαι εἰσίν, ἀντ- (25) έχεσθαι. καὶ γὰρ γελοῖον τοῦτο ζητεῖν, ἐπεὶ καὶ τὰ γνώριμα ὀλίγοις γνώριμά ἐστιν, ἀλλ' ὅμως εὐφραίνει πάντας.

54. δῆλον οὖν ἐκ τούτων ὅτι τὸν ποιητὴν μᾶλλον τῶν μύθων εἶναι δεῖ ποιητὴν ἢ τῶν μέτρων, ὅσῳ ποιητὴς κατὰ τὴν μίμησίν ἐστιν, μιμεῖται δὲ τὰς πράξεις. κἂν ἄρα συμβῇ γενό- (30) μενα ποιεῖν, οὐθὲν ἧττον ποιητής ἐστι· τῶν γὰρ γενομένων ἔνια οὐδὲν κωλύει τοιαῦτα εἶναι οἷα ἂν εἰκὸς γενέσθαι [καὶ δυνατὰ γενέσθαι], καθ' ὃ ἐκεῖνος αὐτῶν ποιητής ἐστιν.

55. τῶν δὲ ἁπλῶν μύθων καὶ πράξεων αἱ ἐπεισοδιώδεις εἰσὶν χείρισται· λέγω δ' ἐπεισοδιώδη μῦθον ἐν ᾧ τὰ ἐπεις- (35) όδια μετ' ἄλληλα οὔτ' εἰκὸς οὔτ' ἀνάγκη εἶναι. τοιαῦται δὲ ποιοῦνται ὑπὸ μὲν τῶν φαύλων ποιητῶν δι' αὑτούς, ὑπὸ δὲ τῶν ἀγαθῶν διὰ τοὺς ὑποκριτάς· ἀγωνίσματα γὰρ ποιοῦντες καὶ παρὰ τὴν δύναμιν παρατείνοντες τὸν μῦθον πολ- **(1452a)** λάκις διαστρέφειν ἀναγκάζονται τὸ ἐφεξῆς.

56. ἐπεὶ δὲ οὐ μόνον τελείας ἐστὶ πράξεως ἡ μίμησις ἀλλὰ καὶ φοβερῶν καὶ ἐλεεινῶν, ταῦτα δὲ γίνεται καὶ μάλιστα [καὶ μᾶλλον] ὅταν γένηται παρὰ τὴν δόξαν δι' ἄλληλα· τὸ γὰρ θαυ- (5) μαστὸν οὕτως ἕξει μᾶλλον ἢ εἰ ἀπὸ τοῦ αὐτομάτου καὶ τῆς τύχης, ἐπεὶ καὶ τῶν ἀπὸ τύχης ταῦτα θαυμασιώτατα δοκεῖ ὅσα ὥσπερ ἐπίτηδες φαίνεται γεγονέναι, οἷον ὡς ὁ ἀνδριὰς ὁ τοῦ Μίτυος ἐν Ἄργει ἀπέκτεινεν τὸν αἴτιον τοῦ θανάτου τῷ Μίτυι, θεωροῦντι ἐμπεσών· ἔοικε γὰρ τὰ τοιαῦτα (10) οὐκ εἰκῇ γίνεσθαι· ὥστε ἀνάγκη τοὺς τοιούτους εἶναι καλλίους μύθους.

X

57. Εἰσὶ δὲ τῶν μύθων οἱ μὲν ἁπλοῖ οἱ δὲ πεπλεγμένοι· καὶ γὰρ αἱ πράξεις ὧν μιμήσεις οἱ μῦθοί εἰσιν ὑπάρχουσιν εὐθὺς οὖσαι τοιαῦται.

58. λέγω δὲ ἁπλῆν μὲν πρᾶξιν ἧς (15) γινομένης ὥσπερ ὥρισται συνεχοῦς καὶ μιᾶς ἄνευ περιπετείας ἢ ἀναγνωρισμοῦ ἡ μετάβασις γίνεται, πεπλεγμένην δὲ ἐξ ἧς μετὰ ἀναγνωρισμοῦ ἢ περιπετείας ἢ ἀμφοῖν ἡ μετάβασίς ἐστιν.

59. ταῦτα δὲ δεῖ γίνεσθαι ἐξ αὐτῆς τῆς συστάσεως τοῦ μύθου, ὥστε ἐκ τῶν προγεγενημένων συμβαίνειν (20) ἢ ἐξ ἀνάγκης ἢ κατὰ τὸ εἰκὸς γίγνεσθαι ταῦτα· διαφέρει γὰρ πολὺ τὸ γίγνεσθαι τάδε διὰ τάδε ἢ μετὰ τάδε.

XI

60. Ἔστι δὲ περιπέτεια μὲν ἡ εἰς τὸ ἐναντίον τῶν πραττομένων μεταβολὴ καθάπερ εἴρηται, καὶ τοῦτο δὲ ὥσπερ λέγομεν κατὰ τὸ εἰκὸς ἢ ἀναγκαῖον, οἷον ἐν τῷ Οἰδί- (25) ποδι ἐλθὼν ὡς εὐφρανῶν τὸν Οἰδίπουν καὶ ἀπαλλάξων τοῦ πρὸς τὴν μητέρα φόβου, δηλώσας ὃς ἦν, τοὐναντίον ἐποίησεν· καὶ ἐν τῷ Λυγκεῖ ὁ μὲν ἀγόμενος ὡς ἀποθανούμενος, ὁ δὲ Δαναὸς ἀκολουθῶν ὡς ἀποκτενῶν, τὸν μὲν συνέβη ἐκ τῶν πεπραγμένων ἀποθανεῖν, τὸν δὲ σωθῆναι.

61. ἀναγνώρισις (30) δέ, ὥσπερ καὶ τοὔνομα σημαίνει, ἐξ ἀγνοίας εἰς γνῶσιν μεταβολή, ἢ εἰς φιλίαν ἢ εἰς ἔχθραν, τῶν πρὸς εὐτυχίαν ἢ δυστυχίαν ὡρισμένων·

62. καλλίστη δὲ ἀναγνώρισις, ὅταν ἅμα περιπετείᾳ γένηται, οἷον ἔχει ἡ ἐν τῷ Οἰδίποδι. εἰσὶν μὲν οὖν καὶ ἄλλαι ἀναγνωρίσεις· καὶ γὰρ πρὸς ἄψυχα καὶ (35) τὰ τυχόντα †ἐστὶν ὥσπερ εἴρηται συμβαίνει† καὶ εἰ πέπραγέ τις ἢ μὴ πέπραγεν ἔστιν ἀναγνωρίσαι. ἀλλ' ἡ μάλιστα τοῦ μύθου καὶ ἡ μάλιστα τῆς πράξεως ἡ εἰρημένη ἐστίν· ἡ γὰρ τοιαύτη ἀναγνώρισις καὶ περιπέτεια ἢ ἔλεον (**1452b**) ἕξει ἢ φόβον (οἵων πράξεων ἡ τραγῳδία μίμησις ὑπόκειται), ἐπειδὴ καὶ τὸ ἀτυχεῖν καὶ τὸ εὐτυχεῖν ἐπὶ τῶν τοιούτων συμβήσεται.

63. ἐπεὶ δὴ ἡ ἀναγνώρισις τινῶν ἐστιν ἀναγνώρισις, αἱ μέν εἰσι θατέρου πρὸς τὸν ἕτερον μόνον, ὅταν ᾖ δῆλος ἅτερος (5) τίς ἐστιν, ὁτὲ δὲ ἀμφοτέρους δεῖ ἀναγνωρίσαι, οἷον ἡ μὲν Ἰφιγένεια τῷ Ὀρέστῃ ἀνεγνωρίσθη ἐκ τῆς πέμψεως τῆς ἐπιστολῆς, ἐκείνου δὲ πρὸς τὴν Ἰφιγένειαν ἄλλης ἔδει ἀναγνωρίσεως.

64. δύο μὲν οὖν τοῦ μύθου μέρη ταῦτ' ἐστί, περιπέτεια (10) καὶ ἀναγνώρισις· τρίτον δὲ πάθος.

τούτων δὲ περιπέτεια μὲν καὶ ἀναγνώρισις εἴρηται, πάθος δέ ἐστι πρᾶξις φθαρτικὴ ἢ ὀδυνηρά, οἷον οἵ τε ἐν τῷ φανερῷ θάνατοι καὶ αἱ περιωδυνίαι καὶ τρώσεις καὶ ὅσα τοιαῦτα.

XII

65. Μέρη δὲ τραγῳδίας οἷς μὲν ὡς εἴδεσι δεῖ χρῆσθαι (15) πρότερον εἴπομεν, κατὰ δὲ τὸ ποσὸν καὶ εἰς ἃ διαιρεῖται κεχωρισμένα τάδε ἐστίν, πρόλογος ἐπεισόδιον ἔξοδος χορικόν, καὶ τούτου τὸ μὲν πάροδος τὸ δὲ στάσιμον, κοινὰ μὲν ἁπάντων ταῦτα, ἴδια δὲ τὰ ἀπὸ τῆς σκηνῆς καὶ κομμοί.

66. ἔστιν δὲ πρόλογος μὲν μέρος ὅλον τραγῳδίας τὸ πρὸ χοροῦ (20) παρόδου, ἐπεισόδιον δὲ μέρος ὅλον τραγῳδίας τὸ μεταξὺ ὅλων χορικῶν μελῶν, ἔξοδος δὲ μέρος ὅλον τραγῳδίας μεθ' ὃ οὐκ ἔστι χοροῦ μέλος· χορικοῦ δὲ πάροδος μὲν ἡ πρώτη λέξις ὅλη χοροῦ, στάσιμον δὲ μέλος χοροῦ τὸ ἄνευ ἀναπαίστου καὶ τροχαίου, κομμὸς δὲ θρῆνος κοινὸς χοροῦ καὶ (25) ἀπὸ σκηνῆς.

67. μέρη δὲ τραγῳδίας οἷς μὲν <ὡς εἴδεσι> δεῖ χρῆσθαι πρότερον εἴπαμεν, κατὰ δὲ τὸ ποσὸν καὶ εἰς ἃ διαιρεῖται κεχωρισμένα ταῦτ' ἐστίν.

XIII

68. Ὧν δὲ δεῖ στοχάζεσθαι καὶ ἃ δεῖ εὐλαβεῖσθαι συνιστάντας τοὺς μύθους καὶ πόθεν ἔσται τὸ τῆς τραγῳδίας ἔρ- (30) γον, ἐφεξῆς ἂν εἴη λεκτέον τοῖς νῦν εἰρημένοις.

69. ἐπειδὴ οὖν δεῖ τὴν σύνθεσιν εἶναι τῆς καλλίστης τραγῳδίας μὴ ἁπλῆν ἀλλὰ πεπλεγμένην καὶ ταύτην φοβερῶν καὶ ἐλεεινῶν εἶναι μιμητικήν (τοῦτο γὰρ ἴδιον τῆς τοιαύτης μιμήσεώς ἐστιν), πρῶτον μὲν δῆλον ὅτι οὔτε τοὺς ἐπιεικεῖς ἄνδρας δεῖ μετα- (35) βάλλοντας φαίνεσθαι ἐξ εὐτυχίας εἰς δυστυχίαν, οὐ γὰρ φοβερὸν οὐδὲ ἐλεεινὸν τοῦτο ἀλλὰ μιαρόν ἐστιν· οὔτε τοὺς μοχθηροὺς ἐξ ἀτυχίας εἰς εὐτυχίαν, ἀτραγῳδότατον γὰρ τοῦτ' ἐστὶ πάντων, οὐδὲν γὰρ ἔχει ὧν δεῖ, οὔτε γὰρ φιλάνθρωπον **(1453a)** οὔτε ἐλεεινὸν οὔτε φοβερόν ἐστιν· οὐδ' αὖ τὸν σφόδρα πονηρὸν ἐξ εὐτυχίας εἰς δυστυχίαν μεταπίπτειν· τὸ μὲν γὰρ φιλάνθρωπον ἔχοι ἂν ἡ τοιαύτη σύστασις ἀλλ' οὔτε ἔλεον οὔτε φόβον, ὁ μὲν γὰρ περὶ τὸν ἀνάξιόν ἐστιν δυστυχοῦντα, ὁ δὲ (5) περὶ τὸν ὅμοιον, ἔλεος μὲν περὶ τὸν ἀνάξιον, φόβος δὲ περὶ τὸν ὅμοιον, ὥστε οὔτε ἐλεεινὸν οὔτε φοβερὸν ἔσται τὸ συμβαῖνον.

70. ὁ μεταξὺ ἄρα τούτων λοιπός. ἔστι δὲ τοιοῦτος ὁ μήτε ἀρετῇ διαφέρων καὶ δικαιοσύνῃ μήτε διὰ κακίαν καὶ μοχθηρίαν μεταβάλλων εἰς τὴν δυστυχίαν ἀλλὰ δι' (10) ἁμαρτίαν τινά, τῶν ἐν μεγάλῃ δόξῃ ὄντων καὶ εὐτυχίᾳ, οἷον Οἰδίπους καὶ Θυέστης καὶ οἱ ἐκ τῶν τοιούτων γενῶν ἐπιφανεῖς ἄνδρες.

71. ἀνάγκη ἄρα τὸν καλῶς ἔχοντα μῦθον ἁπλοῦν εἶναι μᾶλλον ἢ διπλοῦν, ὥσπερ τινές φασι, καὶ μεταβάλλειν οὐκ εἰς εὐτυχίαν ἐκ δυστυχίας ἀλλὰ τοὐναντίον (15) ἐξ εὐτυχίας εἰς δυστυχίαν μὴ διὰ μοχθηρίαν ἀλλὰ δι' ἁμαρτίαν μεγάλην ἢ οἵου εἴρηται ἢ βελτίονος μᾶλλον ἢ χείρονος. σημεῖον δὲ καὶ τὸ γιγνόμενον· πρῶτον μὲν γὰρ οἱ ποιηταὶ τοὺς τυχόντας μύθους ἀπηρίθμουν, νῦν δὲ περὶ ὀλίγας οἰκίας αἱ κάλλισται τραγῳδίαι συντίθενται, οἷον (20) περὶ Ἀλκμέωνα καὶ Οἰδίπουν καὶ Ὀρέστην καὶ Μελέαγρον καὶ Θυέστην καὶ Τήλεφον καὶ ὅσοις ἄλλοις συμβέβηκεν ἢ παθεῖν δεινὰ ἢ ποιῆσαι.

72. ἡ μὲν οὖν κατὰ τὴν τέχνην καλλίστη τραγῳδία ἐκ ταύτης τῆς συστάσεώς ἐστι. διὸ καὶ οἱ Εὐριπίδῃ ἐγκαλοῦντες τὸ αὐτὸ ἁμαρτάνουσιν ὅτι τοῦτο (25) δρᾷ ἐν ταῖς τραγῳδίαις καὶ αἱ πολλαὶ αὐτοῦ εἰς δυστυχίαν τελευτῶσιν. τοῦτο γάρ ἐστιν ὥσπερ εἴρηται ὀρθόν· σημεῖον δὲ μέγιστον· ἐπὶ γὰρ τῶν σκηνῶν καὶ τῶν ἀγώνων τραγικώταται αἱ τοιαῦται φαίνονται, ἂν κατορθωθῶσιν, καὶ ὁ Εὐριπίδης, εἰ καὶ τὰ ἄλλα μὴ εὖ οἰκονομεῖ, ἀλλὰ τραγι- (30) κώτατός γε τῶν ποιητῶν φαίνεται.

73. δευτέρα δ' ἡ πρώτη λεγομένη ὑπό τινῶν ἐστιν σύστασις, ἡ διπλῆν τε τὴν σύστασιν ἔχουσα καθάπερ ἡ Ὀδύσσεια καὶ τελευτῶσα ἐξ ἐναντίας τοῖς βελτίοσι καὶ χείροσιν. δοκεῖ δὲ εἶναι πρώτη διὰ τὴν τῶν θεάτρων ἀσθένειαν· ἀκολουθοῦσι γὰρ οἱ ποιηταὶ κατ' (35) εὐχὴν ποιοῦντες τοῖς θεαταῖς. ἔστιν δὲ οὐχ αὕτη ἀπὸ τραγῳδίας ἡδονὴ ἀλλὰ μᾶλλον τῆς κωμῳδίας οἰκεία· ἐκεῖ γὰρ οἳ ἂν ἔχθιστοι ὦσιν ἐν τῷ μύθῳ, οἷον Ὀρέστης καὶ Αἴγισθος, φίλοι γενόμενοι ἐπὶ τελευτῆς ἐξέρχονται, καὶ ἀποθνήσκει οὐδεὶς ὑπ' οὐδενός.

XIV

74. (1453b) Ἔστιν μὲν οὖν τὸ φοβερὸν καὶ ἐλεεινὸν ἐκ τῆς ὄψεως γίγνεσθαι, ἔστιν δὲ καὶ ἐξ αὐτῆς τῆς συστάσεως τῶν πραγμάτων, ὅπερ ἐστὶ πρότερον καὶ ποιητοῦ ἀμείνονος. δεῖ γὰρ καὶ ἄνευ τοῦ ὁρᾶν οὕτω συνεστάναι τὸν μῦθον ὥστε τὸν (5) ἀκούοντα τὰ πράγματα γινόμενα καὶ φρίττειν καὶ ἐλεεῖν ἐκ τῶν συμβαινόντων· ἅπερ ἂν πάθοι τις ἀκούων τὸν τοῦ Οἰδίπου μῦθον. τὸ δὲ διὰ τῆς ὄψεως τοῦτο παρασκευάζειν ἀτεχνότερον καὶ χορηγίας δεόμενόν ἐστιν.

75. οἱ δὲ μὴ τὸ φοβερὸν διὰ τῆς ὄψεως ἀλλὰ τὸ τερατῶδες μόνον παρα- (10) σκευάζοντες οὐδὲν

τραγῳδίᾳ κοινωνοῦσιν· οὐ γὰρ πᾶσαν δεῖ ζητεῖν ἡδονὴν ἀπὸ τραγῳδίας ἀλλὰ τὴν οἰκείαν. ἐπεὶ δὲ τὴν ἀπὸ ἐλέου καὶ φόβου διὰ μιμήσεως δεῖ ἡδονὴν παρασκευάζειν τὸν ποιητήν, φανερὸν ὡς τοῦτο ἐν τοῖς πράγμασιν ἐμποιητέον.

76. ποῖα οὖν δεινὰ ἢ ποῖα οἰκτρὰ φαίνεται (15) τῶν συμπιπτόντων, λάβωμεν.

77. ἀνάγκη δὴ ἢ φίλων εἶναι πρὸς ἀλλήλους τὰς τοιαύτας πράξεις ἢ ἐχθρῶν ἢ μηδετέρων. ἂν μὲν οὖν ἐχθρὸς ἐχθρόν, οὐδὲν ἐλεεινὸν οὔτε ποιῶν οὔτε μέλλων, πλὴν κατ' αὐτὸ τὸ πάθος· οὐδ' ἂν μηδετέρως ἔχοντες· ὅταν δ' ἐν ταῖς φιλίαις ἐγγένηται τὰ (20) πάθη, οἷον ἢ ἀδελφὸς ἀδελφὸν ἢ υἱὸς πατέρα ἢ μήτηρ υἱὸν ἢ υἱὸς μητέρα ἀποκτείνῃ ἢ μέλλῃ ἤ τι ἄλλο τοιοῦτον δρᾷ, ταῦτα ζητητέον.

78. τοὺς μὲν οὖν παρειλημμένους μύθους λύειν οὐκ ἔστιν, λέγω δὲ οἷον τὴν Κλυταιμήστραν ἀποθανοῦσαν ὑπὸ τοῦ Ὀρέστου καὶ τὴν Ἐριφύλην ὑπὸ τοῦ Ἀλκμέ- (25) ωνος, αὐτὸν δὲ εὑρίσκειν δεῖ καὶ τοῖς παραδεδομένοις χρῆσθαι καλῶς. τὸ δὲ καλῶς τί λέγομεν, εἴπωμεν σαφέστερον.

79. ἔστι μὲν γὰρ οὕτω γίνεσθαι τὴν πρᾶξιν, ὥσπερ οἱ παλαιοὶ ἐποίουν εἰδότας καὶ γιγνώσκοντας, καθάπερ καὶ Εὐριπίδης ἐποίησεν ἀποκτείνουσαν τοὺς παῖδας τὴν Μήδειαν· ἔστιν δὲ (30) πρᾶξαι μέν, ἀγνοοῦντας δὲ πρᾶξαι τὸ δεινόν, εἶθ' ὕστερον ἀναγνωρίσαι τὴν φιλίαν, ὥσπερ ὁ Σοφοκλέους Οἰδίπους· τοῦτο μὲν οὖν ἔξω τοῦ δράματος, ἐν δ' αὐτῇ τῇ τραγῳδίᾳ οἷον ὁ Ἀλκμέων ὁ Ἀστυδάμαντος ἢ ὁ Τηλέγονος ὁ ἐν τῷ τραυματίᾳ Ὀδυσσεῖ. ἔτι δὲ τρίτον παρὰ ταῦτα τὸ μέλλον- (35) τα ποιεῖν τι τῶν ἀνηκέστων δι' ἄγνοιαν ἀναγνωρίσαι πρὶν ποιῆσαι. καὶ παρὰ ταῦτα οὐκ ἔστιν ἄλλως. ἢ γὰρ πρᾶξαι ἀνάγκη ἢ μὴ καὶ εἰδότας ἢ μὴ εἰδότας.

80. τούτων δὲ τὸ μὲν γινώσκοντα μελλῆσαι καὶ μὴ πρᾶξαι χείριστον· τό τε γὰρ μιαρὸν ἔχει, καὶ οὐ τραγικόν· ἀπαθὲς γάρ. διόπερ οὐδεὶς **(1454a)** ποιεῖ ὁμοίως, εἰ μὴ ὀλιγάκις, οἷον ἐν Ἀντιγόνῃ τὸν Κρέοντα ὁ Αἵμων. τὸ δὲ πρᾶξαι δεύτερον. βέλτιον δὲ τὸ ἀγνοοῦντα μὲν πρᾶξαι, πράξαντα δὲ ἀναγνωρίσαι· τό τε γὰρ μιαρὸν οὐ πρόσεστιν καὶ ἡ ἀναγνώρισις ἐκπληκτικόν. κράτιστον δὲ (5) τὸ τελευταῖον, λέγω δὲ οἷον ἐν τῷ Κρεσφόντῃ ἡ Μερόπη μέλλει τὸν υἱὸν ἀποκτείνειν, ἀποκτείνει δὲ οὔ, ἀλλ' ἀνεγνώρισε, καὶ ἐν τῇ Ἰφιγενείᾳ ἡ ἀδελφὴ τὸν ἀδελφόν, καὶ ἐν τῇ Ἕλλῃ ὁ υἱὸς τὴν μητέρα ἐκδιδόναι μέλλων ἀνεγνώρισεν.

81. διὰ γὰρ τοῦτο, ὅπερ πάλαι εἴρηται, οὐ περὶ πολλὰ (10) γένη αἱ τραγῳδίαι εἰσίν. ζητοῦντες γὰρ οὐκ ἀπὸ τέχνης ἀλλ' ἀπὸ τύχης εὗρον τὸ τοιοῦτον παρασκευάζειν ἐν τοῖς μύθοις· ἀναγκάζονται οὖν ἐπὶ ταύτας τὰς οἰκίας ἀπαντᾶν ὅσαις τὰ τοιαῦτα συμβέβηκε πάθη.

82. περὶ μὲν οὖν τῆς τῶν πραγμάτων συστάσεως καὶ ποίους τινὰς εἶναι δεῖ τοὺς μύ- (15) θους εἴρηται ἱκανῶς.

XV

83. Περὶ δὲ τὰ ἤθη τέτταρά ἐστιν ὧν δεῖ στοχάζεσθαι, ἓν μὲν καὶ πρῶτον, ὅπως χρηστὰ ᾖ. ἕξει δὲ ἦθος μὲν ἐὰν ὥσπερ ἐλέχθη ποιῇ φανερὸν ὁ λόγος ἢ ἡ πρᾶξις προαίρεσίν τινα <ἥ τις ἂν> ᾖ, χρηστὸν δὲ ἐὰν χρηστήν. ἔστιν δὲ (20) ἐν ἑκάστῳ γένει· καὶ γὰρ γυνή ἐστιν χρηστὴ καὶ δοῦλος, καίτοι γε ἴσως τούτων τὸ μὲν χεῖρον, τὸ δὲ ὅλως φαῦλόν ἐστιν.

84. δεύτερον δὲ τὸ ἁρμόττοντα· ἔστιν γὰρ ἀνδρείαν μὲν τὸ ἦθος, ἀλλ' οὐχ ἁρμόττον γυναικὶ οὕτως ἀνδρείαν ἢ δεινὴν εἶναι.

85. τρίτον δὲ τὸ ὅμοιον. τοῦτο γὰρ ἕτερον τοῦ (25) χρηστὸν τὸ ἦθος καὶ ἁρμόττον ποιῆσαι ὡς προείρηται.
86. τέταρτον δὲ τὸ ὁμαλόν. κἂν γὰρ ἀνώμαλός τις ᾖ ὁ τὴν μίμησιν παρέχων καὶ τοιοῦτον ἦθος ὑποτεθῇ, ὅμως ὁμαλῶς ἀνώμαλον δεῖ εἶναι.

87. ἔστιν δὲ παράδειγμα πονηρίας μὲν ἤθους μὴ ἀναγκαίας οἷον ὁ Μενέλαος ὁ ἐν τῷ Ὀρέστῃ, τοῦ (30) δὲ ἀπρεποῦς καὶ μὴ ἁρμόττοντος ὅ τε θρῆνος Ὀδυσσέως ἐν τῇ Σκύλλῃ καὶ ἡ τῆς Μελανίππης ῥῆσις, τοῦ δὲ ἀνωμάλου ἡ ἐν Αὐλίδι Ἰφιγένεια· οὐδὲν γὰρ ἔοικεν ἡ ἱκετεύουσα τῇ ὑστέρᾳ.
88. χρὴ δὲ καὶ ἐν τοῖς ἤθεσιν ὁμοίως ὥσπερ καὶ ἐν τῇ τῶν πραγμάτων συστάσει ἀεὶ ζητεῖν ἢ τὸ ἀναγκαῖον ἢ τὸ εἰκός, (35) ὥστε τὸν τοιοῦτον τὰ τοιαῦτα λέγειν ἢ πράττειν ἢ ἀναγκαῖον ἢ εἰκὸς καὶ τοῦτο μετὰ τοῦτο γίνεσθαι ἢ ἀναγκαῖον ἢ εἰκός.

89. φανερὸν οὖν ὅτι καὶ τὰς λύσεις τῶν μύθων ἐξ αὐτοῦ δεῖ τοῦ (**1454b**) μύθου συμβαίνειν, καὶ μὴ ὥσπερ ἐν τῇ Μηδείᾳ ἀπὸ μηχανῆς καὶ ἐν τῇ Ἰλιάδι τὰ περὶ τὸν ἀπόπλουν. ἀλλὰ μηχανῇ χρηστέον ἐπὶ τὰ ἔξω τοῦ δράματος, ἢ ὅσα πρὸ τοῦ γέγονεν ἃ οὐχ οἷόν τε ἄνθρωπον εἰδέναι, ἢ ὅσα ὕστερον, ἃ (5) δεῖται προαγορεύσεως καὶ ἀγγελίας· ἅπαντα γὰρ ἀποδίδομεν τοῖς θεοῖς ὁρᾶν. ἄλογον δὲ μηδὲν εἶναι ἐν τοῖς πράγμασιν, εἰ δὲ μή, ἔξω τῆς τραγῳδίας, οἷον τὸ ἐν τῷ Οἰδίποδι τῷ Σοφοκλέους.

90. ἐπεὶ δὲ μίμησίς ἐστιν ἡ τραγῳδία βελτιόνων ἢ ἡμεῖς, δεῖ μιμεῖσθαι τοὺς ἀγαθοὺς εἰκονο- (10) γράφους· καὶ γὰρ ἐκεῖνοι ἀποδιδόντες τὴν ἰδίαν μορφὴν ὁμοίους ποιοῦντες καλλίους γράφουσιν· οὕτω καὶ τὸν ποιητὴν μιμούμενον καὶ ὀργίλους καὶ ῥᾳθύμους καὶ τἆλλα τὰ τοιαῦτα ἔχοντας ἐπὶ τῶν ἠθῶν τοιούτους ὄντας ἐπιεικεῖς ποιεῖν †παράδειγμα σκληρότητος οἷον τὸν Ἀχιλλέα ἀγαθὸν καὶ (15) Ὅμηρος†.

91. ταῦτα δὴ διατηρεῖν, καὶ πρὸς τούτοις τὰ παρὰ τὰς ἐξ ἀνάγκης ἀκολουθούσας αἰσθήσεις τῇ ποιητικῇ· καὶ γὰρ κατ' αὐτὰς ἔστιν ἁμαρτάνειν πολλάκις· εἴρηται δὲ περὶ αὐτῶν ἐν τοῖς ἐκδεδομένοις λόγοις ἱκανῶς.

XVI

92. Ἀναγνώρισις δὲ τί μέν ἐστιν, εἴρηται πρότερον· εἴδη (20) δὲ ἀναγνωρίσεως, πρώτη μὲν ἡ ἀτεχνοτάτη καὶ ᾗ πλείστῃ χρῶνται δι' ἀπορίαν, ἡ διὰ τῶν σημείων. τούτων δὲ τὰ μὲν σύμφυτα, οἷον "λόγχην ἣν φοροῦσι Γηγενεῖς" ἢ ἀστέρας οἵους ἐν τῷ Θυέστῃ Καρκίνος, τὰ δὲ ἐπίκτητα, καὶ τούτων τὰ μὲν ἐν τῷ σώματι, οἷον οὐλαί, τὰ δὲ ἐκτός, οἷον τὰ περι- (25) δέραια καὶ οἷον ἐν τῇ Τυροῖ διὰ τῆς σκάφης. ἔστιν δὲ καὶ τούτοις χρῆσθαι ἢ βέλτιον ἢ χεῖρον, οἷον Ὀδυσσεὺς διὰ τῆς οὐλῆς ἄλλως ἀνεγνωρίσθη ὑπὸ τῆς τροφοῦ καὶ ἄλλως ὑπὸ τῶν συβοτῶν· εἰσὶ γὰρ αἱ μὲν πίστεως ἕνεκα ἀτεχνότεραι, καὶ αἱ τοιαῦται πᾶσαι, αἱ δὲ ἐκ περιπετείας, ὥς- (30) περ ἡ ἐν τοῖς Νίπτροις, βελτίους.

94. δεύτεραι δὲ αἱ πεποιημέναι ὑπὸ τοῦ ποιητοῦ, διὸ ἄτεχνοι. οἷον Ὀρέστης ἐν τῇ Ἰφιγενείᾳ ἀνεγνώρισεν ὅτι Ὀρέστης· ἐκείνη μὲν γὰρ διὰ τῆς ἐπιστολῆς, ἐκεῖνος δὲ αὐτὸς λέγει ἃ βούλεται ὁ ποιητὴς ἀλλ' (35) οὐχ ὁ μῦθος· διὸ ἐγγύς τι τῆς εἰρημένης ἁμαρτίας ἐστίν, ἐξῆν γὰρ ἂν ἔνια καὶ ἐνεγκεῖν. καὶ ἐν τῷ Σοφοκλέους Τηρεῖ ἡ τῆς κερκίδος φωνή.

95. ἡ τρίτη διὰ μνήμης, τῷ αἰσθέσθαι (**1455a**) τι ἰδόντα, ὥσπερ ἡ ἐν Κυπρίοις τοῖς Δικαιογένους, ἰδὼν γὰρ τὴν γραφὴν ἔκλαυσεν, καὶ ἡ ἐν Ἀλκίνου ἀπολόγῳ, ἀκούων γὰρ τοῦ κιθαριστοῦ καὶ μνησθεὶς ἐδάκρυσεν, ὅθεν ἀνεγνωρίσθησαν.

96. τετάρτη δὲ ἡ ἐκ συλλογισμοῦ, οἷον ἐν Χοηφόροις, (5) ὅτι ὅμοιός τις ἐλήλυθεν, ὅμοιος δὲ οὐθεὶς ἀλλ' ἢ Ὀρέστης, οὗτος ἄρα ἐλήλυθεν. καὶ ἡ Πολυΐδου τοῦ σοφιστοῦ περὶ τῆς Ἰφιγενείας· εἰκὸς γὰρ ἔφη τὸν Ὀρέστην συλλογίσασθαι ὅτι ἥ τ' ἀδελφὴ ἐτύθη καὶ αὐτῷ συμβαίνει θύεσθαι. καὶ ἐν τῷ Θεοδέκτου Τυδεῖ, ὅτι ἐλθὼν ὡς εὑρήσων τὸν υἱὸν αὐτὸς ἀπόλ- (10) λυται. καὶ ἡ ἐν τοῖς Φινείδαις· ἰδοῦσαι γὰρ τὸν τόπον συνελογίσαντο τὴν εἱμαρμένην ὅτι ἐν τούτῳ εἵμαρτο ἀποθανεῖν αὐταῖς, καὶ γὰρ ἐξετέθησαν ἐνταῦθα.

97. ἔστιν δέ τις καὶ συνθετὴ ἐκ παραλογισμοῦ τοῦ θεάτρου, οἷον ἐν τῷ Ὀδυσσεῖ τῷ ψευδαγγέλῳ· τὸ μὲν γὰρ τὸ τόξον ἐντείνειν, ἄλλον δὲ μηδένα, πεποιημένον ὑπὸ τοῦ ποιητοῦ καὶ ὑπόθεσις, καὶ εἴ γε τὸ τόξον ἔφη γνώσεσθαι ὃ οὐχ ἑωράκει· (15) τὸ δὲ ὡς δι' ἐκείνου ἀναγνωριοῦντος διὰ τούτου ποιῆσαι παραλογισμός.

98. πασῶν δὲ βελτίστη ἀναγνώρισις ἡ ἐξ αὐτῶν τῶν πραγμάτων, τῆς ἐκπλήξεως γιγνομένης δι' εἰκότων, οἷον ἐν τῷ Σοφοκλέους Οἰδίποδι καὶ τῇ Ἰφιγενείᾳ· εἰκὸς γὰρ βούλεσθαι ἐπιθεῖναι γράμματα. αἱ γὰρ τοιαῦται μόναι (20) ἄνευ τῶν πεποιημένων σημείων καὶ περιδεραίων. δεύτεραι δὲ αἱ ἐκ συλλογισμοῦ.

XVII

99. Δεῖ δὲ τοὺς μύθους συνιστάναι καὶ τῇ λέξει συναπεργάζεσθαι ὅτι μάλιστα πρὸ ὀμμάτων τιθέμενον· οὕτω γὰρ ἂν ἐναργέστατα [ὁ] ὁρῶν ὥσπερ παρ' αὐτοῖς γιγνόμενος τοῖς (25) πραττομένοις εὑρίσκοι τὸ πρέπον καὶ ἥκιστα ἂν λανθάνοι [τὸ] τὰ ὑπεναντία. σημεῖον δὲ τούτου ὃ ἐπετιμᾶτο Καρκίνῳ. ὁ γὰρ Ἀμφιάραος ἐξ ἱεροῦ ἀνῄει, ὃ μὴ ὁρῶντα [τὸν θεατὴν] ἐλάνθανεν, ἐπὶ δὲ τῆς σκηνῆς ἐξέπεσεν δυσχερανάντων τοῦτο τῶν θεατῶν.

100. ὅσα δὲ δυνατὸν καὶ τοῖς σχήμασιν (30) συναπεργαζόμενον· πιθανώτατοι γὰρ ἀπὸ τῆς αὐτῆς φύσεως οἱ ἐν τοῖς πάθεσίν εἰσιν, καὶ χειμαίνει ὁ χειμαζόμενος καὶ χαλεπαίνει ὁ ὀργιζόμενος ἀληθινώτατα. διὸ εὐφυοῦς ἡ ποιητική ἐστιν ἢ μανικοῦ· τούτων γὰρ οἱ μὲν εὔπλαστοι οἱ δὲ ἐκστατικοί εἰσιν.

101. τούς τε λόγους καὶ τοὺς πεποιημένους **(1455b)** δεῖ καὶ αὐτὸν ποιοῦντα ἐκτίθεσθαι καθόλου, εἶθ' οὕτως ἐπεισοδιοῦν καὶ παρατείνειν.

102. λέγω δὲ οὕτως ἂν θεωρεῖσθαι τὸ καθόλου, οἷον τῆς Ἰφιγενείας· τυθείσης τινὸς κόρης καὶ ἀφανισθείσης ἀδήλως τοῖς θύσασιν, ἱδρυνθείσης δὲ εἰς ἄλλην (5) χώραν, ἐν ᾗ νόμος ἦν τοὺς ξένους θύειν τῇ θεῷ, ταύτην ἔσχε τὴν ἱερωσύνην· χρόνῳ δὲ ὕστερον τῷ ἀδελφῷ συνέβη ἐλθεῖν τῆς ἱερείας, τὸ δὲ ὅτι ἀνεῖλεν ὁ θεὸς [διά τινα αἰτίαν ἔξω τοῦ καθόλου] ἐλθεῖν ἐκεῖ καὶ ἐφ' ὅ τι δὲ ἔξω τοῦ μύθου· ἐλθὼν δὲ καὶ ληφθεὶς θύεσθαι μέλλων ἀνεγνώρισεν, εἴθ' ὡς Εὐρι- (10) πίδης εἴθ' ὡς Πολύιδος ἐποίησεν, κατὰ τὸ εἰκὸς εἰπὼν ὅτι οὐκ ἄρα μόνον τὴν ἀδελφὴν ἀλλὰ καὶ αὐτὸν ἔδει τυθῆναι, καὶ ἐντεῦθεν ἡ σωτηρία.

103. μετὰ ταῦτα δὲ ἤδη ὑποθέντα τὰ ὀνόματα ἐπεισοδιοῦν· ὅπως δὲ ἔσται οἰκεῖα τὰ ἐπεισόδια, οἷον ἐν τῷ Ὀρέστῃ ἡ μανία δι' ἧς ἐλήφθη καὶ ἡ σω- (15) τηρία διὰ τῆς καθάρσεως.

104. ἐν μὲν οὖν τοῖς δράμασιν τὰ ἐπεισόδια σύντομα, ἡ δ' ἐποποιία τούτοις μηκύνεται. τῆς γὰρ Ὀδυσσείας οὐ μακρός ὁ λόγος ἐστίν· ἀποδημοῦντός τινος ἔτη πολλὰ καὶ παραφυλαττομένου ὑπὸ τοῦ Ποσειδῶνος καὶ μόνου ὄντος, ἔτι δὲ τῶν οἴκοι οὕτως ἐχόντων ὥστε τὰ χρή- (20) ματα ὑπὸ μνηστήρων ἀναλίσκεσθαι καὶ τὸν υἱὸν ἐπιβουλεύεσθαι, αὐτὸς δὲ ἀφικνεῖται χειμασθείς, καὶ ἀναγνωρίσας τινὰς ἐπιθέμενος αὐτὸς μὲν ἐσώθη τοὺς δ' ἐχθροὺς διέφθειρε. τὸ μὲν οὖν ἴδιον τοῦτο, τὰ δ' ἄλλα ἐπεισόδια.

XVIII

105. Ἔστι δὲ πάσης τραγῳδίας τὸ μὲν δέσις τὸ δὲ λύσις, τὰ (25) μὲν ἔξωθεν καὶ ἔνια τῶν ἔσωθεν πολλάκις ἡ δέσις, τὸ δὲ λοιπὸν ἡ λύσις· λέγω δὲ δέσιν μὲν εἶναι τὴν ἀπ' ἀρχῆς μέχρι τούτου τοῦ μέρους ὃ ἔσχατόν ἐστιν ἐξ οὗ μεταβαίνει εἰς εὐτυχίαν ἢ εἰς ἀτυχίαν, λύσιν δὲ τὴν ἀπὸ τῆς ἀρχῆς τῆς μεταβάσεως μέχρι τέλους· ὥσπερ ἐν τῷ Λυγκεῖ τῷ Θεοδέκτου (30) δέσις μὲν τά τε προπεπραγμένα καὶ ἡ τοῦ παιδίου λῆψις καὶ πάλιν ἡ αὐτῶν * * λύσις δ' ἡ ἀπὸ τῆς αἰτιάσεως τοῦ θανάτου μέχρι τοῦ τέλους.

106. τραγῳδίας δὲ εἴδη εἰσὶ τέσσαρα (τοσαῦτα γὰρ καὶ τὰ μέρη ἐλέχθη), ἡ μὲν πεπλεγμένη, ἧς τὸ ὅλον ἐστὶν περιπέτεια καὶ ἀναγνώρισις, ἡ δὲ παθητική, οἷον οἵ τε (**1456a**) Αἴαντες καὶ οἱ Ἰξίονες, ἡ δὲ ἠθική, οἷον αἱ Φθιώτιδες καὶ ὁ Πηλεύς· τὸ δὲ τέταρτον †οης†, οἷον αἵ τε Φορκίδες καὶ ὁ Προμηθεὺς καὶ ὅσα ἐν ᾅδου.

107. μάλιστα μὲν οὖν ἅπαντα δεῖ πειρᾶσθαι ἔχειν, εἰ δὲ μή, τὰ μέγιστα καὶ πλεῖστα, ἄλλως τε (5) καὶ ὡς νῦν συκοφαντοῦσιν τοὺς ποιητάς· γεγονότων γὰρ καθ' ἕκαστον μέρος ἀγαθῶν ποιητῶν, ἑκάστου τοῦ ἰδίου ἀγαθοῦ ἀξιοῦσι τὸν ἕνα ὑπερβάλλειν. δίκαιον δὲ καὶ τραγῳδίαν ἄλλην καὶ τὴν αὐτὴν λέγειν οὐδενὶ ὡς τῷ μύθῳ· τοῦτο δέ, ὧν ἡ αὐτὴ πλοκὴ καὶ λύσις. πολλοὶ δὲ πλέξαντες εὖ (10) λύουσι κακῶς· δεῖ δὲ ἀμφότερα ἀρτικροτεῖσθαι.

108. χρὴ δὲ ὅπερ εἴρηται πολλάκις μεμνῆσθαι καὶ μὴ ποιεῖν ἐποποιικὸν σύστημα τραγῳδίαν – ἐποποιικὸν δὲ λέγω τὸ πολύμυθον – οἷον εἴ τις τὸν τῆς Ἰλιάδος ὅλον ποιοῖ μῦθον. ἐκεῖ μὲν γὰρ διὰ τὸ μῆκος λαμβάνει τὰ μέρη τὸ πρέπον μέγεθος, ἐν (15) δὲ τοῖς δράμασι πολὺ παρὰ τὴν ὑπόληψιν ἀποβαίνει. σημεῖον δέ, ὅσοι πέρσιν Ἰλίου ὅλην ἐποίησαν καὶ μὴ κατὰ μέρος ὥσπερ Εὐριπίδης, <ἢ> Νιόβην καὶ μὴ ὥσπερ Αἰσχύλος, ἢ ἐκπίπτουσιν ἢ κακῶς ἀγωνίζονται, ἐπεὶ καὶ Ἀγάθων ἐξέπεσεν ἐν τούτῳ μόνῳ.

109. ἐν δὲ ταῖς περιπετείαις καὶ ἐν τοῖς (20) ἁπλοῖς πράγμασι στοχάζονται ὧν βούλονται θαυμαστῶς· τραγικὸν γὰρ τοῦτο καὶ φιλάνθρωπον. ἔστιν δὲ τοῦτο, ὅταν ὁ σοφὸς μὲν μετὰ πονηρίας <δ'> ἐξαπατηθῇ, ὥσπερ Σίσυφος, καὶ ὁ ἀνδρεῖος μὲν ἄδικος δὲ ἡττηθῇ. ἔστιν δὲ τοῦτο καὶ εἰκὸς ὥσπερ Ἀγάθων λέγει, εἰκὸς γὰρ γίνεσθαι πολλὰ (25) καὶ παρὰ τὸ εἰκός.

110. καὶ τὸν χορὸν δὲ ἕνα δεῖ ὑπολαμβάνειν τῶν ὑποκριτῶν, καὶ μόριον εἶναι τοῦ ὅλου καὶ συναγωνίζεσθαι μὴ ὥσπερ Εὐριπίδῃ ἀλλ' ὥσπερ Σοφοκλεῖ. τοῖς δὲ λοιποῖς τὰ ᾀδόμενα οὐδὲν μᾶλλον τοῦ μύθου ἢ ἄλλης τραγῳδίας ἐστίν· διὸ ἐμβόλιμα ᾄδουσιν πρώτου ἄρξαντος (30) Ἀγάθωνος τοῦ τοιούτου. καίτοι τί διαφέρει ἢ ἐμβόλιμα ᾄδειν ἢ εἰ ῥῆσιν ἐξ ἄλλου εἰς ἄλλο ἁρμόττοι ἢ ἐπεισόδιον ὅλον;

XIX

111. Περὶ μὲν οὖν τῶν ἄλλων εἰδῶν εἴρηται, λοιπὸν δὲ περὶ λέξεως καὶ διανοίας εἰπεῖν.

112. τὰ μὲν οὖν περὶ τὴν διάνοιαν ἐν (35) τοῖς περὶ ῥητορικῆς κείσθω· τοῦτο γὰρ ἴδιον μᾶλλον ἐκείνης τῆς μεθόδου. ἔστι δὲ κατὰ τὴν διάνοιαν ταῦτα, ὅσα ὑπὸ τοῦ λόγου δεῖ παρασκευασθῆναι. μέρη δὲ τούτων τό τε ἀποδεικνύναι καὶ τὸ λύειν καὶ τὸ πάθη παρασκευάζειν (οἷον (**1456b**) ἔλεον ἢ φόβον ἢ ὀργὴν καὶ ὅσα τοιαῦτα) καὶ ἔτι μέγεθος καὶ μικρότητας.

113. δῆλον δὲ ὅτι καὶ ἐν τοῖς πράγμασιν ἀπὸ τῶν αὐτῶν ἰδεῶν δεῖ χρῆσθαι ὅταν ἢ ἐλεεινὰ ἢ δεινὰ ἢ μεγάλα ἢ εἰκότα δέῃ παρασκευάζειν· πλὴν τοσοῦτον δια- (5) φέρει, ὅτι τὰ μὲν δεῖ φαίνεσθαι ἄνευ διδασκαλίας, τὰ δὲ ἐν τῷ λόγῳ ὑπὸ τοῦ λέγοντος παρασκευάζεσθαι καὶ παρὰ τὸν λόγον γίγνεσθαι. τί γὰρ ἂν εἴη τοῦ λέγοντος ἔργον, εἰ φαίνοιτο ᾗ δέοι καὶ μὴ διὰ τὸν λόγον;

114. τῶν δὲ περὶ τὴν λέξιν ἓν μέν ἐστιν εἶδος θεωρίας τὰ σχήματα τῆς λέξεως, (10) ἅ ἐστιν εἰδέναι τῆς ὑποκριτικῆς καὶ τοῦ τὴν τοιαύτην ἔχοντος ἀρχιτεκτονικήν, οἷον τί ἐντολὴ καὶ τί εὐχὴ καὶ διήγησις καὶ ἀπειλὴ καὶ ἐρώτησις καὶ ἀπόκρισις καὶ εἴ τι ἄλλο τοιοῦτον.

115. παρὰ γὰρ τὴν τούτων γνῶσιν ἢ ἄγνοιαν οὐδὲν εἰς τὴν ποιητικὴν ἐπιτίμημα φέρεται ὅ τι καὶ ἄξιον σπου- (15) δῆς. τί γὰρ ἄν τις ὑπολάβοι ἡμαρτῆσθαι ἃ Πρωταγόρας ἐπιτιμᾷ, ὅτι εὔχεσθαι οἰόμενος ἐπιτάττει εἰπὼν "μῆνιν ἄειδε θεά"; τὸ γὰρ κελεῦσαι, φησίν, ποιεῖν τι ἢ μὴ ἐπίταξίς ἐστιν. διὸ παρείσθω ὡς ἄλλης καὶ οὐ τῆς ποιητικῆς ὂν θεώρημα.

XX

116. (20) Τῆς δὲ λέξεως ἁπάσης τάδ' ἐστὶ τὰ μέρη, στοιχεῖον συλλαβὴ σύνδεσμος ὄνομα ῥῆμα ἄρθρον πτῶσις λόγος.

117. στοιχεῖον μὲν οὖν ἐστιν φωνὴ ἀδιαίρετος, οὐ πᾶσα δὲ ἀλλ' ἐξ ἧς πέφυκε συνθετὴ γίγνεσθαι φωνή· καὶ γὰρ τῶν θηρίων εἰσὶν ἀδιαίρετοι φωναί, ὧν οὐδεμίαν λέγω στοι- (25) χεῖον.

118. ταύτης δὲ μέρη τό τε φωνῆεν καὶ τὸ ἡμίφωνον καὶ ἄφωνον. ἔστιν δὲ ταῦτα φωνῆεν μὲν <τὸ> ἄνευ προσβολῆς ἔχον φωνὴν ἀκουστήν, ἡμίφωνον δὲ τὸ μετὰ προσβολῆς ἔχον φωνὴν ἀκουστήν, οἷον τὸ Σ καὶ τὸ Ρ, ἄφωνον δὲ τὸ μετὰ προσβολῆς καθ' αὑτὸ μὲν οὐδεμίαν ἔχον φωνήν, μετὰ δὲ (30) τῶν ἐχόντων τινὰ φωνὴν γινόμενον ἀκουστόν, οἷον τὸ Γ καὶ τὸ Δ. ταῦτα δὲ διαφέρει σχήμασίν τε τοῦ στόματος καὶ τόποις καὶ δασύτητι καὶ ψιλότητι καὶ μήκει καὶ βραχύτητι ἔτι δὲ ὀξύτητι καὶ βαρύτητι καὶ τῷ μέσῳ· περὶ ὧν καθ' ἕκαστον ἐν τοῖς μετρικοῖς προσήκει θεωρεῖν.

119. συλλαβὴ (35) δέ ἐστιν φωνὴ ἄσημος συνθετὴ ἐξ ἀφώνου καὶ φωνὴν ἔχοντος· καὶ γὰρ τὸ ΓΡ ἄνευ τοῦ Α †συλλαβὴ καὶ† μετὰ τοῦ Α, οἷον τὸ ΓΡΑ. ἀλλὰ καὶ τούτων θεωρῆσαι τὰς διαφορὰς τῆς μετρικῆς ἐστιν.

120. σύνδεσμος δέ ἐστιν φωνὴ ἄσημος ἣ οὔ- **(1457a)** τε κωλύει οὔτε ποιεῖ φωνὴν μίαν σημαντικὴν ἐκ πλειόνων φωνῶν πεφυκυῖα συντίθεσθαι καὶ ἐπὶ τῶν ἄκρων καὶ ἐπὶ τοῦ μέσου ἣν μὴ ἁρμόττει ἐν ἀρχῇ λόγου τιθέναι καθ' αὑτήν, οἷον μέν ἤτοι δέ. ἢ φωνὴ ἄσημος ἣ ἐκ πλειόνων μὲν φω- (5) νῶν μιᾶς σημαντικῶν δὲ ποιεῖν πέφυκεν μίαν σημαντικὴν φωνήν. ἄρθρον δ' ἐστὶ φωνὴ ἄσημος ἣ λόγου ἀρχὴν ἢ τέλος ἢ διορισμὸν δηλοῖ. οἷον τὸ ἀμφί καὶ τὸ περί καὶ τὰ ἄλλα. ἢ φωνὴ ἄσημος ἣ οὔτε κωλύει οὔτε ποιεῖ φωνὴν μίαν σημαντικὴν ἐκ πλειόνων φωνῶν πεφυκυῖα τίθεσθαι καὶ (10) ἐπὶ τῶν ἄκρων καὶ ἐπὶ τοῦ μέσου.

121. ὄνομα δέ ἐστι φωνὴ συνθετὴ σημαντικὴ ἄνευ χρόνου ἧς μέρος οὐδέν ἐστι καθ' αὑτὸ σημαντικόν· ἐν γὰρ τοῖς διπλοῖς οὐ χρώμεθα ὡς καὶ αὐτὸ καθ' αὑτὸ σημαῖνον, οἷον ἐν τῷ Θεόδωρος τὸ δωρος οὐ σημαίνει.

122. ῥῆμα δὲ φωνὴ συνθετὴ σημαντικὴ μετὰ χρό- (15) νου ἧς οὐδὲν μέρος σημαίνει καθ' αὑτό, ὥσπερ καὶ ἐπὶ τῶν ὀνομάτων· τὸ μὲν γὰρ ἄνθρωπος ἢ λευκόν οὐ σημαίνει τὸ πότε, τὸ δὲ βαδίζει ἢ βεβάδικεν προσσημαίνει τὸ μὲν τὸν παρόντα χρόνον τὸ δὲ τὸν παρεληλυθότα.

123. πτῶσις δ' ἐστὶν ὀνόματος ἢ ῥήματος ἡ μὲν κατὰ τὸ τούτου ἢ τούτῳ ση- (20) μαῖνον καὶ ὅσα τοιαῦτα, ἡ δὲ κατὰ τὸ ἑνὶ ἢ πολλοῖς, οἷον ἄνθρωποι ἢ ἄνθρωπος, ἡ δὲ κατὰ τὰ ὑποκριτικά, οἷον κατ' ἐρώτησιν ἐπίταξιν· τὸ γὰρ ἐβάδισεν; ἢ βάδιζε πτῶσις ῥήματος κατὰ ταῦτα τὰ εἴδη ἐστίν.

124. λόγος δὲ φωνὴ συνθετὴ σημαντικὴ ἧς ἔνια μέρη καθ' αὑτὰ σημαίνει τι (οὐ γὰρ (25) ἅπας λόγος ἐκ ῥημάτων καὶ ὀνομάτων σύγκειται, οἷον ὁ τοῦ ἀνθρώπου ὁρισμός, ἀλλ' ἐνδέχεται ἄνευ ῥημάτων εἶναι λόγον, μέρος μέντοι ἀεί τι σημαῖνον ἕξει) οἷον ἐν τῷ βαδίζει Κλέων ὁ Κλέων. εἷς δέ ἐστι λόγος διχῶς, ἢ γὰρ ὁ ἓν σημαίνων, ἢ ὁ ἐκ πλειόνων συνδέσμῳ, οἷον ἡ Ἰλιὰς μὲν (30) συνδέσμῳ εἷς, ὁ δὲ τοῦ ἀνθρώπου τῷ ἓν σημαίνειν.

XXI

125. Ὀνόματος δὲ εἴδη τὸ μὲν ἁπλοῦν, ἁπλοῦν δὲ λέγω ὃ μὴ ἐκ σημαινόντων σύγκειται, οἷον γῆ, τὸ δὲ διπλοῦν· τούτου δὲ τὸ μὲν ἐκ σημαίνοντος καὶ ἀσήμου, πλὴν οὐκ ἐν τῷ ὀνόματι σημαίνοντος καὶ ἀσήμου, τὸ δὲ ἐκ σημαινόντων σύγκειται. εἴη δ' ἂν καὶ τριπλοῦν καὶ τετραπλοῦν ὄνομα καὶ (35) πολλαπλοῦν, οἷον τὰ πολλὰ τῶν Μασσαλιωτῶν, Ἑρμοκαϊ- **(1457b)** κόξανθος * *.

126. ἅπαν δὲ ὄνομά ἐστιν ἢ κύριον ἢ γλῶττα ἢ μεταφορὰ ἢ κόσμος ἢ πεποιημένον ἢ ἐπεκτεταμένον ἢ ὑφῃρημένον ἢ ἐξηλλαγμένον.

127. λέγω δὲ κύριον μὲν ᾧ χρῶνται ἕκαστοι, γλῶτταν δὲ ᾧ ἕτεροι· ὥστε φανερὸν ὅτι καὶ γλῶτ- (5) ταν καὶ κύριον εἶναι δυνατὸν τὸ αὐτό, μὴ τοῖς αὐτοῖς δέ· τὸ γὰρ σίγυνον Κυπρίοις μὲν κύριον, ἡμῖν δὲ γλῶττα.

128. μεταφορὰ δέ ἐστιν ὀνόματος ἀλλοτρίου ἐπιφορὰ ἢ ἀπὸ τοῦ γένους ἐπὶ εἶδος ἢ ἀπὸ τοῦ εἴδους ἐπὶ τὸ γένος ἢ ἀπὸ τοῦ εἴδους ἐπὶ εἶδος ἢ κατὰ τὸ ἀνάλογον.

129. λέγω δὲ ἀπὸ γένους μὲν (10) ἐπὶ εἶδος οἷον "νηῦς δέ μοι ἥδ' ἕστηκεν"· τὸ γὰρ ὁρμεῖν ἐστιν ἑστάναι τι. ἀπ' εἴδους δὲ ἐπὶ γένος "ἦ δὴ μυρί' Ὀδυσσεὺς ἐσθλὰ ἔοργεν"· τὸ γὰρ μυρίον πολύ ἐστιν, ᾧ νῦν ἀντὶ τοῦ πολλοῦ κέχρηται. ἀπ' εἴδους δὲ ἐπὶ εἶδος οἷον "χαλκῷ ἀπὸ ψυχὴν ἀρύσας" καὶ "τεμὼν ταναήκεϊ χαλκῷ"· ἐνταῦθα (15) γὰρ τὸ μὲν ἀρύσαι ταμεῖν, τὸ δὲ ταμεῖν ἀρύσαι εἴρηκεν· ἄμφω γὰρ ἀφελεῖν τί ἐστιν.

130. τὸ δὲ ἀνάλογον λέγω, ὅταν ὁμοίως ἔχῃ τὸ δεύτερον πρὸς τὸ πρῶτον καὶ τὸ τέταρτον πρὸς τὸ τρίτον· ἐρεῖ γὰρ ἀντὶ τοῦ δευτέρου τὸ τέταρτον ἢ ἀντὶ τοῦ τετάρτου τὸ δεύτερον. καὶ ἐνίοτε προστιθέασιν ἀνθ' (20) οὗ λέγει πρὸς ὅ ἐστι. λέγω δὲ οἷον ὁμοίως ἔχει φιάλη πρὸς Διόνυσον καὶ ἀσπὶς πρὸς Ἄρη· ἐρεῖ τοίνυν τὴν φιάλην ἀσπίδα Διονύσου καὶ τὴν ἀσπίδα φιάλην Ἄρεως. ἢ ὃ γῆρας πρὸς βίον, καὶ ἑσπέρα πρὸς ἡμέραν· ἐρεῖ τοίνυν τὴν ἑσπέραν γῆρας ἡμέρας ἢ ὥσπερ Ἐμπεδοκλῆς, καὶ τὸ γῆρας ἑσπέραν βίου (25) ἢ δυσμὰς βίου. ἐνίοις δ' οὐκ ἔστιν ὄνομα κείμενον τῶν ἀνάλογον, ἀλλ' οὐδὲν ἧττον ὁμοίως λεχθήσεται· οἷον τὸ τὸν καρπὸν μὲν ἀφιέναι σπείρειν, τὸ δὲ τὴν φλόγα ἀπὸ τοῦ ἡλίου ἀνώνυμον· ἀλλ' ὁμοίως ἔχει τοῦτο πρὸς τὸν ἥλιον καὶ τὸ σπείρειν πρὸς τὸν καρπόν, διὸ εἴρηται "σπείρων θεοκτίσταν (30) φλόγα". ἔστι δὲ τῷ τρόπῳ τούτῳ τῆς μεταφορᾶς χρῆσθαι καὶ ἄλλως, προσαγορεύσαντα τὸ ἀλλότριον ἀποφῆσαι τῶν οἰκείων τι, οἷον εἰ τὴν ἀσπίδα εἴποι φιάλην μὴ Ἄρεως ἀλλ' ἄοινον.

131. * *

132. πεποιημένον δ' ἐστὶν ὃ ὅλως μὴ καλούμενον ὑπὸ τινῶν αὐτὸς τίθεται ὁ ποιητής, δοκεῖ γὰρ ἔνια εἶναι τοιαῦτα, (35) οἷον τὰ κέρατα ἔρνυγας καὶ τὸν ἱερέα ἀρητῆρα.

133. ἐπεκτεταμένον **(1458a)** δέ ἐστιν ἢ ἀφηρημένον τὸ μὲν ἐὰν φωνήεντι μακροτέρῳ κεχρημένον ᾖ τοῦ οἰκείου ἢ συλλαβῇ ἐμβεβλημένῃ, τὸ δὲ ἂν ἀφῃρημένον τι ᾖ αὐτοῦ, ἐπεκτεταμένον μὲν οἷον τὸ πόλεως πόληος καὶ τὸ Πηλείδου Πηληιάδεω, ἀφῃρημένον δὲ οἷον τὸ (5) κρῖ καὶ τὸ δῶ καὶ "μία γίνεται ἀμφοτέρων ὄψ".

134. ἐξηλλαγμένον δ' ἐστὶν ὅταν τοῦ ὀνομαζομένου τὸ μὲν καταλείπῃ τὸ δὲ ποιῇ, οἷον τὸ "δεξιτερὸν κατὰ μαζόν" ἀντὶ τοῦ δεξιόν.

135. αὐτῶν δὲ τῶν ὀνομάτων τὰ μὲν ἄρρενα τὰ δὲ θήλεα τὰ δὲ μεταξύ, ἄρρενα μὲν ὅσα τελευτᾷ εἰς τὸ Ν καὶ Ρ καὶ Σ καὶ (10) ὅσα ἐκ τούτου σύγκειται (ταῦτα δ' ἐστὶν δύο, Ψ καὶ Ξ), θήλεα δὲ ὅσα ἐκ τῶν φωνηέντων εἴς τε τὰ ἀεὶ μακρά, οἷον εἰς Η καὶ Ω, καὶ τῶν ἐπεκτεινομένων εἰς Α· ὥστε ἴσα συμβαίνει πλήθει εἰς ὅσα τὰ ἄρρενα καὶ τὰ θήλεα· τὸ γὰρ Ψ καὶ τὸ Ξ σύνθετά ἐστιν. εἰς δὲ ἄφωνον οὐδὲν ὄνομα τελευτᾷ, (15) οὐδὲ εἰς φωνῆεν βραχύ. εἰς δὲ τὸ Ι τρία μόνον, μέλι κόμμι πέπερι. εἰς δὲ τὸ Υ πέντε * *. τὰ δὲ μεταξὺ εἰς ταῦτα καὶ Ν καὶ Σ.

XXII

136. λέξεως δὲ ἀρετὴ σαφῆ καὶ μὴ ταπεινὴν εἶναι. σαφεστάτη μὲν οὖν ἐστιν ἡ ἐκ τῶν κυρίων ὀνομάτων, ἀλλὰ (20) ταπεινή· παράδειγμα δὲ ἡ Κλεοφῶντος ποίησις καὶ ἡ Σθενέλου. σεμνὴ δὲ καὶ ἐξαλλάττουσα τὸ ἰδιωτικὸν ἡ τοῖς ξενικοῖς κεχρημένη· ξενικὸν δὲ λέγω γλῶτταν καὶ μεταφορὰν καὶ ἐπέκτασιν καὶ πᾶν τὸ παρὰ τὸ κύριον.

137. ἀλλ' ἄν τις ἅπαντα τοιαῦτα ποιήσῃ, ἢ αἴνιγμα ἔσται ἢ βαρβα- (25) ρισμός· ἂν μὲν οὖν ἐκ μεταφορῶν, αἴνιγμα, ἐὰν δὲ ἐκ γλωττῶν, βαρβαρισμός. αἰνίγματός τε γὰρ ἰδέα αὕτη ἐστί, τὸ λέγοντα ὑπάρχοντα ἀδύνατα συνάψαι· κατὰ μὲν οὖν τὴν τῶν <ἄλλων> ὀνομάτων σύνθεσιν οὐχ οἷόν τε τοῦτο ποιῆσαι, κατὰ δὲ τὴν μεταφορῶν ἐνδέχεται, οἷον "ἄνδρ' εἶδον πυρὶ χαλκὸν (30) ἐπ' ἀνέρι κολλήσαντα", καὶ τὰ τοιαῦτα. τὰ δὲ ἐκ τῶν γλωττῶν βαρβαρισμός.

138. δεῖ ἄρα κεκρᾶσθαί πως τούτοις· τὸ μὲν γὰρ τὸ μὴ ἰδιωτικὸν ποιήσει μηδὲ ταπεινόν, οἷον ἡ γλῶττα καὶ ἡ μεταφορὰ καὶ ὁ κόσμος καὶ τἆλλα τὰ εἰρημένα εἴδη, τὸ δὲ κύριον τὴν σαφήνειαν.

139. οὐκ ἐλάχιστον δὲ μέρος (1458b) συμβάλλεται εἰς τὸ σαφὲς τῆς λέξεως καὶ μὴ ἰδιωτικὸν αἱ ἐπεκτάσεις καὶ ἀποκοπαὶ καὶ ἐξαλλαγαὶ τῶν ὀνομάτων· διὰ μὲν γὰρ τὸ ἄλλως ἔχειν ἢ ὡς τὸ κύριον παρὰ τὸ εἰωθὸς γιγνόμενον τὸ μὴ ἰδιωτικὸν ποιήσει, διὰ δὲ τὸ κοι- (5) νωνεῖν τοῦ εἰωθότος τὸ σαφὲς ἔσται.

140. ὥστε οὐκ ὀρθῶς ψέγουσιν οἱ ἐπιτιμῶντες τῷ τοιούτῳ τρόπῳ τῆς διαλέκτου καὶ διακωμῳδοῦντες τὸν ποιητήν, οἷον Εὐκλείδης ὁ ἀρχαῖος, ὡς ῥᾴδιον ὂν ποιεῖν εἴ τις δώσει ἐκτείνειν ἐφ' ὁπόσον βούλεται, ἰαμβοποιήσας ἐν αὐτῇ τῇ λέξει

"Ἐπιχάρην εἶδον Μαραθῶ- (10) νάδε βαδίζοντα",

καὶ

"οὐκ †ἂν γεράμενος† τὸν ἐκείνου ἐλλέβορον".

141. τὸ μὲν οὖν φαίνεσθαί πως χρώμενον τούτῳ τῷ τρόπῳ γελοῖον· τὸ δὲ μέτρον κοινὸν ἁπάντων ἐστὶ τῶν μερῶν· καὶ γὰρ μεταφοραῖς καὶ γλώτταις καὶ τοῖς ἄλλοις εἴδεσι χρώμενος ἀπρεπῶς καὶ ἐπίτηδες ἐπὶ τὰ γελοῖα τὸ (15) αὐτὸ ἂν ἀπεργάσαιτο.

142. τὸ δὲ ἁρμόττον ὅσον διαφέρει ἐπὶ τῶν ἐπῶν θεωρείσθω ἐντιθεμένων τῶν ὀνομάτων εἰς τὸ μέτρον. καὶ ἐπὶ τῆς γλώττης δὲ καὶ ἐπὶ τῶν μεταφορῶν καὶ ἐπὶ τῶν ἄλλων ἰδεῶν μετατιθεὶς ἄν τις τὰ κύρια ὀνόματα κατίδοι ὅτι ἀληθῆ λέγομεν· οἷον τὸ αὐτὸ ποιήσαντος ἰαμ- (20) βεῖον Αἰσχύλου καὶ Εὐριπίδου, ἓν δὲ μόνον ὄνομα μεταθέντος, ἀντὶ κυρίου εἰωθότος γλῶτταν, τὸ μὲν φαίνεται καλὸν τὸ δ᾽ εὐτελές. Αἰσχύλος μὲν γὰρ ἐν τῷ Φιλοκτήτῃ ἐποίησε

φαγέδαιναν ἥ μου σάρκας ἐσθίει ποδός,

ὁ δὲ ἀντὶ τοῦ ἐσθίει τὸ θοινᾶται μετέθηκεν.

καὶ (25)

νῦν δέ μ᾽ ἐὼν ὀλίγος τε καὶ οὐτιδανὸς καὶ ἀεικής,

εἴ τις λέγοι τὰ κύρια μετατιθεὶς

νῦν δέ μ᾽ ἐὼν μικρός τε καὶ ἀσθενικὸς καὶ ἀειδής·

καὶ

δίφρον ἀεικέλιον καταθεὶς ὀλίγην τε τράπεζαν,

(30) δίφρον μοχθηρὸν καταθεὶς μικράν τε τράπεζαν·

καὶ τὸ

"ἠϊόνες βοόωσιν", ἠϊόνες κράζουσιν.

143. ἔτι δὲ Ἀριφράδης τοὺς τραγῳδοὺς ἐκωμῴδει ὅτι ἃ οὐδεὶς ἂν εἴπειεν ἐν τῇ διαλέκτῳ τούτοις χρῶνται, οἷον τὸ δωμάτων ἄπο ἀλλὰ μὴ ἀπὸ δωμάτων, καὶ τὸ σέθεν καὶ τὸ ἐγὼ δέ νιν καὶ τὸ **(1459a)** Ἀχιλλέως πέρι ἀλλὰ μὴ περὶ Ἀχιλλέως, καὶ ὅσα ἄλλα τοιαῦτα. διὰ γὰρ τὸ μὴ εἶναι ἐν τοῖς κυρίοις ποιεῖ τὸ μὴ ἰδιωτικὸν ἐν τῇ λέξει ἅπαντα τὰ τοιαῦτα· ἐκεῖνος δὲ τοῦτο ἠγνόει.

144. ἔστιν δὲ μέγα μὲν τὸ ἑκάστῳ τῶν εἰρημένων πρεπόν- (5) τως χρῆσθαι, καὶ διπλοῖς ὀνόμασι καὶ γλώτταις, πολὺ δὲ μέγιστον τὸ μεταφορικὸν εἶναι. μόνον γὰρ τοῦτο οὔτε παρ' ἄλλου ἔστι λαβεῖν εὐφυΐας τε σημεῖόν ἐστι· τὸ γὰρ εὖ μεταφέρειν τὸ τὸ ὅμοιον θεωρεῖν ἐστιν.

145. τῶν δ' ὀνομάτων τὰ μὲν διπλᾶ μάλιστα ἁρμόττει τοῖς διθυράμβοις, αἱ δὲ γλῶτ- (10) ται τοῖς ἡρωικοῖς, αἱ δὲ μεταφοραὶ τοῖς ἰαμβείοις. καὶ ἐν μὲν τοῖς ἡρωικοῖς ἅπαντα χρήσιμα τὰ εἰρημένα, ἐν δὲ τοῖς ἰαμβείοις διὰ τὸ ὅτι μάλιστα λέξιν μιμεῖσθαι ταῦτα ἁρμόττει τῶν ὀνομάτων ὅσοις κἂν ἐν λόγοις τις χρήσαιτο· ἔστι δὲ τὰ τοιαῦτα τὸ κύριον καὶ μεταφορὰ καὶ κόσμος.

146. (15) περὶ μὲν οὖν τραγῳδίας καὶ τῆς ἐν τῷ πράττειν μιμήσεως ἔστω ἡμῖν ἱκανὰ τὰ εἰρημένα.

XXIII

147. Περὶ δὲ τῆς διηγηματικῆς καὶ ἐν μέτρῳ μιμητικῆς, ὅτι δεῖ τοὺς μύθους καθάπερ ἐν ταῖς τραγῳδίαις συνιστάναι δραματικοὺς καὶ περὶ μίαν πρᾶξιν ὅλην καὶ τελείαν ἔχου- (20) σαν ἀρχὴν καὶ μέσα καὶ τέλος, ἵν' ὥσπερ ζῷον ἓν ὅλον ποιῇ τὴν οἰκείαν ἡδονήν,

148. δῆλον, καὶ μὴ ὁμοίας ἱστορίαις τὰς συνθέσεις εἶναι, ἐν αἷς ἀνάγκη οὐχὶ μιᾶς πράξεως ποιεῖσθαι δήλωσιν ἀλλ' ἑνὸς χρόνου, ὅσα ἐν τούτῳ συνέβη περὶ ἕνα ἢ πλείους, ὧν ἕκαστον ὡς ἔτυχεν ἔχει πρὸς ἄλληλα. ὥσπερ (25) γὰρ κατὰ τοὺς αὐτοὺς χρόνους ἥ τ' ἐν Σαλαμῖνι ἐγένετο ναυμαχία καὶ ἡ ἐν Σικελίᾳ Καρχηδονίων μάχη οὐδὲν πρὸς τὸ αὐτὸ συντείνουσαι τέλος, οὕτω καὶ ἐν τοῖς ἐφεξῆς χρόνοις ἐνίοτε γίνεται θάτερον μετὰ θάτερον, ἐξ ὧν ἓν οὐδὲν γίνεται τέλος. σχεδὸν δὲ οἱ πολλοὶ τῶν ποιητῶν τοῦτο (30) δρῶσι.

149. διὸ ὥσπερ εἴπομεν ἤδη καὶ ταύτῃ θεσπέσιος ἂν φανείη Ὅμηρος παρὰ τοὺς ἄλλους, τῷ μηδὲ τὸν πόλεμον καίπερ ἔχοντα ἀρχὴν καὶ τέλος ἐπιχειρῆσαι ποιεῖν ὅλον· λίαν γὰρ ἂν μέγας καὶ οὐκ εὐσύνοπτος ἔμελλεν ἔσεσθαι ὁ μῦθος, ἢ τῷ μεγέθει μετριάζοντα καταπεπλεγμένον τῇ ποικιλίᾳ. (35) νῦν δ' ἓν μέρος ἀπολαβὼν ἐπεισοδίοις κέχρηται αὐτῶν πολλοῖς, οἷον νεῶν καταλόγῳ καὶ ἄλλοις ἐπεισοδίοις [δὶς] διαλαμβάνει τὴν ποίησιν.

150. οἱ δ' ἄλλοι περὶ ἕνα ποιοῦσι (**1459b**) καὶ περὶ ἕνα χρόνον καὶ μίαν πρᾶξιν πολυμερῆ, οἷον ὁ τὰ Κύπρια ποιήσας καὶ τὴν μικρὰν Ἰλιάδα. τοιγαροῦν ἐκ μὲν Ἰλιάδος καὶ Ὀδυσσείας μία τραγῳδία ποιεῖται ἑκατέρας ἢ δύο μόναι, ἐκ δὲ Κυπρίων πολλαὶ καὶ τῆς μικρᾶς (5) Ἰλιάδος [[πλέον] ὀκτώ, οἷον ὅπλων κρίσις, Φιλοκτήτης, Νεοπτόλεμος, Εὐρύπυλος, πτωχεία, Λάκαιναι, Ἰλίου πέρσις καὶ ἀπόπλους [καὶ Σίνων καὶ Τρῳάδες]].

XXIV

151. ἔτι δὲ τὰ εἴδη ταὐτὰ δεῖ ἔχειν τὴν ἐποποιίαν τῇ τραγῳδίᾳ, ἢ γὰρ ἁπλῆν ἢ πεπλεγμένην ἢ ἠθικὴν ἢ παθητικήν· καὶ τὰ (10) μέρη ἔξω μελοποιίας καὶ ὄψεως ταὐτά· καὶ γὰρ περιπετειῶν δεῖ καὶ ἀναγνωρίσεων καὶ παθημάτων· ἔτι τὰς διανοίας καὶ τὴν λέξιν ἔχειν καλῶς. οἷς ἅπασιν Ὅμηρος κέχρηται καὶ πρῶτος καὶ ἱκανῶς. καὶ γὰρ τῶν ποιημάτων ἑκάτερον συνέστηκεν ἡ μὲν Ἰλιὰς ἁπλοῦν καὶ παθητικόν, ἡ δὲ (15) Ὀδύσσεια πεπλεγμένον (ἀναγνώρισις γὰρ διόλου) καὶ ἠθική· πρὸς δὲ τούτοις λέξει καὶ διανοίᾳ πάντα ὑπερβέβληκεν.

152. Διαφέρει δὲ κατά τε τῆς συστάσεως τὸ μῆκος ἡ ἐποποιία καὶ τὸ μέτρον.

153. τοῦ μὲν οὖν μήκους ὅρος ἱκανὸς ὁ εἰρημένος· δύνασθαι γὰρ δεῖ συνορᾶσθαι τὴν ἀρχὴν καὶ τὸ (20) τέλος. εἴη δ' ἂν τοῦτο, εἰ τῶν μὲν ἀρχαίων ἐλάττους αἱ συστάσεις εἶεν, πρὸς δὲ τὸ πλῆθος τραγῳδιῶν τῶν εἰς μίαν ἀκρόασιν τιθεμένων παρήκοιεν. ἔχει δὲ πρὸς τὸ ἐπεκτείνεσθαι τὸ μέγεθος πολύ τι ἡ ἐποποιία ἴδιον διὰ τὸ ἐν μὲν τῇ τραγῳδίᾳ μὴ ἐνδέχεσθαι ἅμα πραττόμενα (25) πολλὰ μέρη μιμεῖσθαι ἀλλὰ τὸ ἐπὶ τῆς σκηνῆς καὶ τῶν ὑποκριτῶν μέρος μόνον· ἐν δὲ τῇ ἐποποιίᾳ διὰ τὸ διήγησιν εἶναι ἔστι πολλὰ μέρη ἅμα ποιεῖν περαινόμενα, ὑφ' ὧν οἰκείων ὄντων αὔξεται ὁ τοῦ ποιήματος ὄγκος. ὥστε τοῦτ' ἔχει τὸ ἀγαθὸν εἰς μεγαλοπρέπειαν καὶ τὸ μεταβάλλειν τὸν (30) ἀκούοντα καὶ ἐπεισοδιοῦν ἀνομοίοις ἐπεισοδίοις· τὸ γὰρ ὅμοιον ταχὺ πληροῦν ἐκπίπτειν ποιεῖ τὰς τραγῳδίας.

154. τὸ δὲ μέτρον τὸ ἡρωικὸν ἀπὸ τῆς πείρας ἥρμοκεν. εἰ γάρ τις ἐν ἄλλῳ τινὶ μέτρῳ διηγηματικὴν μίμησιν ποιοῖτο ἢ ἐν πολλοῖς, ἀπρεπὲς ἂν φαίνοιτο· τὸ γὰρ ἡρωικὸν στασιμώτατον καὶ (35) ὀγκωδέστατον τῶν μέτρων ἐστίν (διὸ καὶ γλώττας καὶ μεταφορὰς δέχεται μάλιστα· περιττή γὰρ καὶ ἡ διηγηματικὴ μίμησις τῶν ἄλλων), τὸ δὲ ἰαμβεῖον καὶ τετράμετρον (1460a) κινητικὰ καὶ τὸ μὲν ὀρχηστικὸν τὸ δὲ πρακτικόν. ἔτι δὲ ἀτοπώτερον εἰ μιγνύοι τις αὐτά, ὥσπερ Χαιρήμων. διὸ οὐδεὶς μακρὰν σύστασιν ἐν ἄλλῳ πεποίηκεν ἢ τῷ ἡρῴῳ, ἀλλ' ὥσπερ εἴπομεν αὐτὴ ἡ φύσις διδάσκει τὸ ἁρμόττον αὐτῇ (5) αἱρεῖσθαι.

155. Ὅμηρος δὲ ἄλλα τε πολλὰ ἄξιος ἐπαινεῖσθαι καὶ δὴ καὶ ὅτι μόνος τῶν ποιητῶν οὐκ ἀγνοεῖ ὃ δεῖ ποιεῖν αὐτόν. αὐτὸν γὰρ δεῖ τὸν ποιητὴν ἐλάχιστα λέγειν· οὐ γάρ ἐστι κατὰ ταῦτα μιμητής. οἱ μὲν οὖν ἄλλοι αὐτοὶ μὲν δι' ὅλου ἀγωνίζονται, μιμοῦνται δὲ ὀλίγα καὶ ὀλιγάκις· ὁ δὲ ὀλίγα (10) φροιμιασάμενος εὐθὺς εἰσάγει ἄνδρα ἢ γυναῖκα ἢ ἄλλο τι ἦθος, καὶ οὐδέν' ἀήθη ἀλλ' ἔχοντα ἦθος.

156. δεῖ μὲν οὖν ἐν ταῖς τραγῳδίαις ποιεῖν τὸ θαυμαστόν, μᾶλλον δ' ἐνδέχεται ἐν τῇ ἐποποιίᾳ τὸ ἄλογον, δι' ὃ συμβαίνει μάλιστα τὸ θαυμαστόν, διὰ τὸ μὴ ὁρᾶν εἰς τὸν πράττοντα· ἐπεὶ τὰ περὶ (15) τὴν Ἕκτορος δίωξιν ἐπὶ σκηνῆς ὄντα γελοῖα ἂν φανείη, οἱ μὲν ἑστῶτες καὶ οὐ διώκοντες, ὁ δὲ ἀνανεύων, ἐν δὲ τοῖς ἔπεσιν λανθάνει. τὸ δὲ θαυμαστὸν ἡδύ· σημεῖον δέ, πάντες γὰρ προστιθέντες ἀπαγγέλλουσιν ὡς χαριζόμενοι.

157. δεδίδαχεν δὲ μάλιστα Ὅμηρος καὶ τοὺς ἄλλους ψευδῆ λέγειν ὡς δεῖ. (20) ἔστι δὲ τοῦτο παραλογισμός. οἴονται γὰρ οἱ ἄνθρωποι, ὅταν τουδὶ ὄντος τοδὶ ᾖ ἢ γινομένου γίνηται, εἰ τὸ ὕστερον ἔστιν, καὶ τὸ πρότερον εἶναι ἢ γίνεσθαι· τοῦτο δέ ἐστι ψεῦδος. διὸ δεῖ, ἂν τὸ πρῶτον ψεῦδος, ἄλλο δὲ τούτου ὄντος ἀνάγκη εἶναι ἢ γενέσθαι ᾖ, προσθεῖναι· διὰ γὰρ τὸ τοῦτο εἰδέναι ἀληθὲς (25) ὂν παραλογίζεται ἡμῶν ἡ ψυχὴ καὶ τὸ πρῶτον ὡς ὄν. παράδειγμα δὲ τούτου τὸ ἐκ τῶν Νίπτρων.

158. προαιρεῖσθαί τε δεῖ ἀδύνατα εἰκότα μᾶλλον ἢ δυνατὰ ἀπίθανα· τούς τε λόγους μὴ συνίστασθαι ἐκ μερῶν ἀλόγων, ἀλλὰ μάλιστα μὲν μηδὲν ἔχειν ἄλογον, εἰ δὲ μή, ἔξω τοῦ μυθεύματος, ὥσπερ (30) Οἰδίπους τὸ μὴ εἰδέναι πῶς ὁ Λάιος ἀπέθανεν, ἀλλὰ μὴ ἐν τῷ δράματι, ὥσπερ ἐν Ἠλέκτρᾳ οἱ τὰ Πύθια ἀπαγγέλλοντες ἢ ἐν Μυσοῖς ὁ ἄφωνος ἐκ Τεγέας εἰς τὴν Μυσίαν ἥκων. ὥστε τὸ λέγειν ὅτι ἀνήρητο ἂν ὁ μῦθος γελοῖον· ἐξ ἀρχῆς γὰρ οὐ δεῖ συνίστασθαι τοιούτους. †ἂν δὲ θῇ καὶ φαίνηται (35) εὐλογωτέρως ἐνδέχεσθαι καὶ ἄτοπον† ἐπεὶ καὶ τὰ ἐν Ὀδυσσείᾳ ἄλογα τὰ περὶ τὴν ἔκθεσιν ὡς οὐκ ἂν ἦν ἀνεκτὰ δῆλον (**1460b**) ἂν γένοιτο, εἰ αὐτὰ φαῦλος ποιητὴς ποιήσειε· νῦν δὲ τοῖς ἄλλοις ἀγαθοῖς ὁ ποιητὴς ἀφανίζει ἡδύνων τὸ ἄτοπον.

159. τῇ δὲ λέξει δεῖ διαπονεῖν ἐν τοῖς ἀργοῖς μέρεσιν καὶ μήτε ἠθικοῖς μήτε διανοητικοῖς· ἀποκρύπτει γὰρ πάλιν ἡ λίαν λαμπρὰ (5) λέξις τά τε ἤθη καὶ τὰς διανοίας.

XXV

160. Περὶ δὲ προβλημάτων καὶ λύσεων, ἐκ πόσων τε καὶ ποίων εἰδῶν ἐστιν, ὧδ' ἂν θεωροῦσιν γένοιτ' ἂν φανερόν.

161. ἐπεὶ γάρ ἐστι μιμητὴς ὁ ποιητὴς ὡσπερανεὶ ζωγράφος ἤ τις ἄλλος εἰκονοποιός, ἀνάγκη μιμεῖσθαι τριῶν ὄντων τὸν ἀριθ- (10) μὸν ἕν τι ἀεί, ἢ γὰρ οἷα ἦν ἢ ἔστιν, ἢ οἷά φασιν καὶ δοκεῖ, ἢ οἷα εἶναι δεῖ. ταῦτα δ' ἐξαγγέλλεται λέξει ἐν ᾗ καὶ γλῶτται καὶ μεταφοραὶ καὶ πολλὰ πάθη τῆς λέξεώς ἐστι· δίδομεν γὰρ ταῦτα τοῖς ποιηταῖς.

162. πρὸς δὲ τούτοις οὐχ ἡ αὐτὴ ὀρθότης ἐστὶν τῆς πολιτικῆς καὶ τῆς ποιητικῆς οὐδὲ ἄλλης (15) τέχνης καὶ ποιητικῆς. αὐτῆς δὲ τῆς ποιητικῆς διττὴ ἁμαρτία, ἡ μὲν γὰρ καθ' αὑτήν, ἡ δὲ κατὰ συμβεβηκός. εἰ μὲν γὰρ προείλετο μιμήσασθαι * * ἀδυναμίαν, αὐτῆς ἡ ἁμαρτία· εἰ δὲ τὸ προελέσθαι μὴ ὀρθῶς, ἀλλὰ τὸν ἵππον <ἄμ'> ἄμφω τὰ δεξιὰ προβεβληκότα, ἢ τὸ καθ' ἑκάστην τέχνην ἁμάρτημα, (20) οἷον τὸ κατ' ἰατρικὴν ἢ ἄλλην τέχνην [ἢ ἀδύνατα πεποίηται] ὁποιανοῦν, οὐ καθ' ἑαυτήν.

163. ὥστε δεῖ τὰ ἐπιτιμήματα ἐν τοῖς προβλήμασιν ἐκ τούτων ἐπισκοποῦντα λύειν.

164. πρῶτον μὲν τὰ πρὸς αὐτὴν τὴν τέχνην· ἀδύνατα πεποίηται, ἡμάρτηται· ἀλλ' ὀρθῶς ἔχει, εἰ τυγχάνει τοῦ τέλους τοῦ αὑτῆς (τὸ γὰρ (25) τέλος εἴρηται), εἰ οὕτως ἐκπληκτικώτερον ἢ αὐτὸ ἢ ἄλλο ποιεῖ μέρος. παράδειγμα ἡ τοῦ Ἕκτορος δίωξις. εἰ μέντοι τὸ τέλος ἢ μᾶλλον ἢ <μὴ> ἧττον ἐνεδέχετο ὑπάρχειν καὶ κατὰ τὴν περὶ τούτων τέχνην, [ἡμαρτῆσθαι] οὐκ ὀρθῶς· δεῖ γὰρ εἰ ἐνδέχεται ὅλως μηδαμῇ ἡμαρτῆσθαι.

165. ἔτι ποτέρων ἐστὶ τὸ (30) ἁμάρτημα, τῶν κατὰ τὴν τέχνην ἢ κατ' ἄλλο συμβεβηκός; ἔλαττον γὰρ εἰ μὴ ᾔδει ὅτι ἔλαφος θήλεια κέρατα οὐκ ἔχει ἢ εἰ ἀμιμήτως ἔγραψεν.

166. πρὸς δὲ τούτοις ἐὰν ἐπιτιμᾶται ὅτι οὐκ ἀληθῆ, ἀλλ' ἴσως <ὡς> δεῖ, οἷον καὶ Σοφοκλῆς ἔφη αὐτὸς μὲν οἵους δεῖ ποιεῖν, Εὐριπίδην δὲ οἷοι εἰσίν, ταύτῃ (35) λυτέον. εἰ δὲ μηδετέρως, ὅτι οὕτω φασίν, οἷον τὰ περὶ θεῶν· ἴσως γὰρ οὔτε βέλτιον οὕτω λέγειν οὔτ' ἀληθῆ, ἀλλ' εἰ ἔτυχεν (**1461a**) ὥσπερ Ξενοφάνει· ἀλλ' οὖν φασι.

167. τὰ δὲ ἴσως οὐ βέλτιον μέν, ἀλλ' οὕτως εἶχεν, οἷον τὰ περὶ τῶν ὅπλων, "ἔγχεα δέ σφιν ὄρθ' ἐπὶ σαυρωτῆρος"· οὕτω γὰρ τότ' ἐνόμιζον, ὥσπερ καὶ νῦν Ἰλλυριοί.

168. περὶ δὲ τοῦ καλῶς ἢ μὴ καλῶς (5) εἰ εἴρηταί τινι ἢ πέπρακται, οὐ μόνον σκεπτέον εἰς αὐτὸ τὸ

πεπραγμένον ἢ εἰρημένον βλέποντα εἰ σπουδαῖον ἢ φαῦλον, ἀλλὰ καὶ εἰς τὸν πράττοντα ἢ λέγοντα πρὸς ὃν ἢ ὅτε ἢ ὅτῳ ἢ οὗ ἕνεκεν, οἷον εἰ μείζονος ἀγαθοῦ, ἵνα γένηται, ἢ μείζονος κακοῦ, ἵνα ἀπογένηται.

169. τὰ δὲ πρὸς τὴν (10) λέξιν ὁρῶντα δεῖ διαλύειν, οἷον γλώττῃ τὸ "οὐρῆας μὲν πρῶτον"· ἴσως γὰρ οὐ τοὺς ἡμιόνους λέγει ἀλλὰ τοὺς φύλακας· καὶ τὸν Δόλωνα, "ὅς ῥ' ἦ τοι εἶδος μὲν ἔην κακός", οὐ τὸ σῶμα ἀσύμμετρον ἀλλὰ τὸ πρόσωπον αἰσχρόν, τὸ γὰρ εὐειδὲς οἱ Κρῆτες τὸ εὐπρόσωπον καλοῦσι· καὶ τὸ "ζωρό- (15) τερον δὲ κέραιε" οὐ τὸ ἄκρατον ὡς οἰνόφλυξιν ἀλλὰ τὸ θᾶττον.

170. τὸ δὲ κατὰ μεταφορὰν εἴρηται, οἷον "πάντες μέν ῥα θεοί τε καὶ ἀνέρες εὗδον παννύχιοι"· ἅμα δέ φησιν "ἦ τοι ὅτ' ἐς πεδίον τὸ Τρωικὸν ἀθρήσειεν, αὐλῶν συρίγγων τε ὅμαδον"· τὸ γὰρ πάντες ἀντὶ τοῦ πολλοὶ κατὰ μετα- (20) φορὰν εἴρηται, τὸ γὰρ πᾶν πολύ τι. καὶ τὸ "οἴη δ' ἄμμορος" κατὰ μεταφοράν, τὸ γὰρ γνωριμώτατον μόνον.

171. κατὰ δὲ προσῳδίαν, ὥσπερ Ἱππίας ἔλυεν ὁ Θάσιος, τὸ "δίδομεν δέ οἱ εὖχος ἀρέσθαι" καὶ "τὸ μὲν οὗ καταπύθεται ὄμβρῳ".

172. τὰ δὲ διαιρέσει, οἷον Ἐμπεδοκλῆς

"αἶψα δὲ θνήτ' ἐφύοντο τὰ πρὶν (25) μάθον ἀθάνατ' εἶναι

ζωρά τε πρὶν κέκρητο".

173. τὰ δὲ ἀμφιβολίᾳ, "παρῴχηκεν δὲ πλέω νύξ·" τὸ γὰρ πλείω ἀμφίβολόν ἐστιν.

174. τὰ δὲ κατὰ τὸ ἔθος τῆς λέξεως. τὸν κεκραμένον οἶνόν φασιν εἶναι, ὅθεν πεποίηται "κνημὶς νεοτεύκτου κασσιτέροιο"· καὶ χαλκέας τοὺς τὸν σίδηρον ἐργαζομένους, ὅθεν εἴρηται (30) ὁ Γανυμήδης Διὶ οἰνοχοεύειν, οὐ πινόντων οἶνον. εἴη δ' ἂν τοῦτό γε <καὶ> κατὰ μεταφοράν.

175. δεῖ δὲ καὶ ὅταν ὄνομά τι ὑπεναντίωμά τι δοκῇ σημαίνειν, ἐπισκοπεῖν ποσαχῶς ἂν σημήνειε τοῦτο ἐν τῷ εἰρημένῳ, οἷον τῷ "τῇ ῥ› ἔσχετο χάλκεον ἔγχος" τὸ ταύτῃ κωλυθῆναι ποσαχῶς ἐνδέχεται, ὡδὶ ἢ (35) ὡδί, ὡς μάλιστ' ἄν τις ὑπολάβοι· κατὰ τὴν καταντικρὺ ἢ (**1461b**) ὡς Γλαύκων λέγει, ὅτι ἔνιοι ἀλόγως προϋπολαμβάνουσί τι καὶ αὐτοὶ καταψηφισάμενοι συλλογίζονται, καὶ ὡς εἰρηκότος ὅ τι δοκεῖ ἐπιτιμῶσιν, ἂν ὑπεναντίον ᾖ τῇ αὐτῶν οἰήσει. τοῦτο δὲ πέπονθε τὰ περὶ Ἰκάριον. οἴονται γὰρ αὐτὸν Λάκωνα (5) εἶναι· ἄτοπον οὖν τὸ μὴ ἐντυχεῖν τὸν Τηλέμαχον αὐτῷ εἰς Λακεδαίμονα ἐλθόντα. τὸ δ' ἴσως ἔχει ὥσπερ οἱ Κεφαλλῆνές φασι· παρ› αὑτῶν γὰρ γῆμαι λέγουσι τὸν Ὀδυσσέα καὶ εἶναι Ἰκάδιον ἀλλ› οὐκ Ἰκάριον· δι' ἁμάρτημα δὲ τὸ πρόβλημα †εἰκός ἐστιν†.

176. ὅλως δὲ τὸ ἀδύνατον μὲν πρὸς τὴν (10) ποίησιν ἢ πρὸς τὸ βέλτιον ἢ πρὸς τὴν δόξαν δεῖ ἀνάγειν.

177. πρός τε γὰρ τὴν ποίησιν αἱρετώτερον πιθανὸν ἀδύνατον ἢ ἀπίθανον καὶ δυνατόν· * * τοιούτους εἶναι οἷον Ζεῦξις ἔγραφεν, ἀλλὰ βέλτιον· τὸ γὰρ παράδειγμα δεῖ ὑπερέχειν. πρὸς ἅ φασιν τἄλογα· οὕτω τε καὶ ὅτι ποτὲ οὐκ ἄλογόν (15) ἐστιν· εἰκὸς γὰρ καὶ παρὰ τὸ εἰκὸς γίνεσθαι. τὰ δ' ὑπεναντίως εἰρημένα οὕτω σκοπεῖν ὥσπερ οἱ ἐν τοῖς λόγοις ἔλεγχοι εἰ τὸ αὐτὸ καὶ πρὸς τὸ αὐτὸ καὶ ὡσαύτως, ὥστε καὶ †αὑτὸν† ἢ πρὸς ἃ αὐτὸς λέγει ἢ ὃ ἂν φρόνιμος ὑποθῆται.

178. ὀρθὴ δ' ἐπιτίμησις καὶ ἀλογίᾳ καὶ μοχθηρίᾳ, ὅταν μὴ ἀνάγ- (20) κης οὔσης μηθὲν χρήσηται τῷ ἀλόγῳ, ὥσπερ Εὐριπίδης τῷ Αἰγεῖ, ἢ τῇ πονηρίᾳ, ὥσπερ ἐν Ὀρέστῃ <τῇ> τοῦ Μενελάου.

179. τὰ μὲν οὖν ἐπιτιμήματα ἐκ πέντε εἰδῶν φέρουσιν· ἢ γὰρ ὡς ἀδύνατα ἢ ὡς ἄλογα ἢ ὡς βλαβερὰ ἢ ὡς ὑπεναντία ἢ ὡς παρὰ τὴν ὀρθότητα τὴν κατὰ τέχνην. αἱ δὲ λύσεις ἐκ τῶν (25) εἰρημένων ἀριθμῶν σκεπτέαι. εἰσὶν δὲ δώδεκα.

XXVI

180. Πότερον δὲ βελτίων ἡ ἐποποιικὴ μίμησις ἢ ἡ τραγική, διαπορήσειεν ἄν τις.

181. εἰ γὰρ ἡ ἧττον φορτικὴ βελτίων, τοιαύτη δ' ἡ πρὸς βελτίους θεατάς ἐστιν ἀεί, λίαν δῆλον ὅτι ἡ ἅπαντα μιμουμένη φορτική· ὡς γὰρ οὐκ αἰσθανομένων (30) ἂν μὴ αὐτὸς προσθῇ, πολλὴν κίνησιν κινοῦνται, οἷον οἱ φαῦλοι αὐληταὶ κυλιόμενοι ἂν δίσκον δέῃ μιμεῖσθαι, καὶ ἕλκοντες τὸν κορυφαῖον ἂν Σκύλλαν αὐλῶσιν. ἡ μὲν οὖν τραγῳδία τοιαύτη ἐστίν, ὡς καὶ οἱ πρότερον τοὺς ὑστέρους αὐτῶν ᾤοντο ὑποκριτάς· ὡς λίαν γὰρ ὑπερβάλλοντα πίθηκον ὁ Μυννίσκος (35) τὸν Καλλιππίδην ἐκάλει, τοιαύτη δὲ δόξα καὶ περὶ Πιν- **(1462a)** δάρου ἦν· ὡς δ' οὗτοι ἔχουσι πρὸς αὐτούς, ἡ ὅλη τέχνη πρὸς τὴν ἐποποιίαν ἔχει. τὴν μὲν οὖν πρὸς θεατὰς ἐπιεικεῖς φασιν εἶναι <οἳ> οὐδὲν δέονται τῶν σχημάτων, τὴν δὲ τραγικὴν πρὸς φαύλους· εἰ οὖν φορτική, χείρων δῆλον ὅτι ἂν εἴη.

182. (5) πρῶτον μὲν οὐ τῆς ποιητικῆς ἡ κατηγορία ἀλλὰ τῆς ὑποκριτικῆς, ἐπεὶ ἔστι περιεργάζεσθαι τοῖς σημείοις καὶ ῥαψῳδοῦντα, ὅπερ [ἐστὶ] Σωσίστρατος, καὶ διᾴδοντα, ὅπερ ἐποίει Μνασίθεος ὁ Ὀπούντιος. εἶτα οὐδὲ κίνησις ἅπασα ἀποδοκιμαστέα, εἴπερ μηδ'

ὄρχησις, ἀλλ' ἡ φαύλων, ὅπερ καὶ Καλλιππίδῃ (10)
ἐπετιμᾶτο καὶ νῦν ἄλλοις ὡς οὐκ ἐλευθέρας γυναῖκας
μιμουμένων. ἔτι ἡ τραγῳδία καὶ ἄνευ κινήσεως ποιεῖ
τὸ αὑτῆς, ὥσπερ ἡ ἐποποιία· διὰ γὰρ τοῦ ἀναγινώσκειν
φανερὰ ὁποία τίς ἐστιν· εἰ οὖν ἐστι τὰ γ' ἄλλα κρείττων,
τοῦτό γε οὐκ ἀναγκαῖον αὐτῇ ὑπάρχειν.

183. ἔπειτα διότι πάντ᾽ ἔχει ὅσαπερ ἡ ἐπο- (15)
ποιία (καὶ γὰρ τῷ μέτρῳ ἔξεστι χρῆσθαι), καὶ ἔτι οὐ
μικρὸν μέρος τὴν μουσικήν [καὶ τὰς ὄψεις], δι' ἧς αἱ
ἡδοναὶ συνίστανται ἐναργέστατα· εἶτα καὶ τὸ ἐναργὲς
ἔχει καὶ ἐν τῇ ἀναγνώσει καὶ ἐπὶ τῶν ἔργων· ἔτι τῷ ἐν
ἐλάττονι μήκει τὸ τέλος (1462b) τῆς μιμήσεως εἶναι (τὸ
γὰρ ἀθροώτερον ἥδιον ἢ πολλῷ κεκραμένον τῷ χρόνῳ,
λέγω δ' οἷον εἴ τις τὸν Οἰδίπουν θείη τὸν Σοφοκλέους
ἐν ἔπεσιν ὅσοις ἡ Ἰλιάς)· ἔτι ἧττον μία ἡ μίμησις ἡ τῶν
ἐποποιῶν (σημεῖον δέ, ἐκ γὰρ ὁποιασοῦν (5) μιμήσεως
πλείους τραγῳδίαι γίνονται), ὥστε ἐὰν μὲν ἕνα μῦθον
ποιῶσιν, ἢ βραχέως δεικνύμενον μύουρον φαίνεσθαι,
ἢ ἀκολουθοῦντα τῷ τοῦ μέτρου μήκει ὑδαρῆ· λέγω δὲ
οἷον ἐὰν ἐκ πλειόνων πράξεων ᾖ συγκειμένη, ὥσπερ ἡ
Ἰλιὰς ἔχει πολλὰ τοιαῦτα μέρη καὶ ἡ Ὀδύσσεια <ἃ> καὶ
καθ' ἑαυτὰ (10) ἔχει μέγεθος· καίτοι ταῦτα τὰ ποιήματα
συνέστηκεν ὡς ἐνδέχεται ἄριστα καὶ ὅτι μάλιστα μιᾶς
πράξεως μίμησις.

184. εἰ οὖν τούτοις τε διαφέρει πᾶσιν καὶ ἔτι τῷ τῆς
τέχνης ἔργῳ (δεῖ γὰρ οὐ τὴν τυχοῦσαν ἡδονὴν ποιεῖν
αὐτὰς ἀλλὰ τὴν εἰρημένην), φανερὸν ὅτι κρείττων ἂν
εἴη μᾶλλον τοῦ (15) τέλους τυγχάνουσα τῆς ἐποποιίας.

185. περὶ μὲν οὖν τραγῳδίας καὶ ἐποποιίας, καὶ
αὐτῶν καὶ τῶν εἰδῶν καὶ τῶν μερῶν, καὶ πόσα καὶ
τί διαφέρει, καὶ τοῦ εὖ ἢ μὴ τίνες αἰτίαι, καὶ περὶ
ἐπιτιμήσεων καὶ λύσεων, εἰρήσθω τοσαῦτα. * * *

O OBJETIVO, A FILOSOFIA E A MISSÃO
DA EDITORA MARTIN CLARET

O principal objetivo da Martin Claret é contribuir para a difusão da educação e da cultura, por meio da democratização do livro, usando os canais de comercialização habituais, além de criar novos.

A filosofia de trabalho da Martin Claret consiste em produzir livros de qualidade a um preço acessível, para que possam ser apreciados pelo maior número possível de leitores.

A missão da Martin Claret é conscientizar e motivar as pessoas a desenvolver e utilizar o seu pleno potencial espiritual, mental, emocional e social.

O livro muda as pessoas. Revolucione-se: leia mais para ser mais!

MARTIN CLARET

Relação dos Volumes Publicados

1. Dom Casmurro
   Machado de Assis
2. O Príncipe
   Maquiavel
3. Mensagem
   Fernando Pessoa
4. O Lobo do Mar
   Jack London
5. A Arte da Prudência
   Baltasar Gracián
6. Iracema / Cinco Minutos
   José de Alencar
7. Inocência
   Visconde de Taunay
8. A Mulher de 30 Anos
   Honoré de Balzac
9. A Moreninha
   Joaquim Manuel de Macedo
10. A Escrava Isaura
    Bernardo Guimarães
11. As Viagens - "Il Milione"
    Marco Polo
12. O Retrato de Dorian Gray
    Oscar Wilde
13. A Volta ao Mundo em 80 Dias
    Júlio Verne
14. A Carne
    Júlio Ribeiro
15. Amor de Perdição
    Camilo Castelo Branco
16. Sonetos
    Luis de Camões
17. O Guarani
    José de Alencar
18. Memórias Póstumas de Brás Cubas
    Machado de Assis
19. Lira dos Vinte Anos
    Álvares de Azevedo
20. Apologia de Sócrates / Banquete
    Platão
21. A Metamorfose/Um Artista da Fome/Carta a Meu Pai
    Franz Kafka
22. Assim Falou Zaratustra
    Friedrich Nietzsche
23. Triste Fim de Policarpo Quaresma
    Lima Barreto
24. A Ilustre Casa de Ramires
    Eça de Queirós
25. Memórias de um Sargento de Milícias
    Manuel Antônio de Almeida
26. Robinson Crusoé
    Daniel Defoe
27. Espumas Flutuantes
    Castro Alves
28. O Ateneu
    Raul Pompeia
29. O Noviço / O Juiz de Paz da Roça / Quem Casa Quer Casa
    Martins Pena
30. A Relíquia
    Eça de Queirós
31. O Jogador
    Dostoiévski
32. Histórias Extraordinárias
    Edgar Allan Poe
33. Os Lusíadas
    Luís de Camões
34. As Aventuras de Tom Sawyer
    Mark Twain
35. Bola de Sebo e Outros Contos
    Guy de Maupassant
36. A República
    Platão
37. Elogio da Loucura
    Erasmo de Rotterdam
38. Caninos Brancos
    Jack London
39. Hamlet
    William Shakespeare
40. A Utopia
    Thomas More
41. O Processo
    Franz Kafka
42. O Médico e o Monstro
    Robert Louis Stevenson
43. Ecce Homo
    Friedrich Nietzsche
44. O Manifesto do Partido Comunista
    Marx e Engels
45. Discurso do Método / Regras para a Direção do Espírito
    René Descartes
46. Do Contrato Social
    Jean-Jacques Rousseau
47. A Luta pelo Direito
    Rudolf von Ihering
48. Dos Delitos e das Penas
    Cesare Beccaria
49. A Ética Protestante e o Espírito do Capitalismo
    Max Weber
50. O Anticristo
    Friedrich Nietzsche
51. Os Sofrimentos do Jovem Werther
    Goethe
52. As Flores do Mal
    Charles Baudelaire
53. Ética a Nicômaco
    Aristóteles
54. A Arte da Guerra
    Sun Tzu
55. Imitação de Cristo
    Tomás de Kempis
56. Cândido ou o Otimismo
    Voltaire
57. Rei Lear
    William Shakespeare
58. Frankenstein
    Mary Shelley
59. Quincas Borba
    Machado de Assis
60. Fedro
    Platão
61. Política
    Aristóteles
62. A Viuvinha / Encarnação
    José de Alencar
63. As Regras do Método Sociológico
    Émile Durkheim
64. O Cão dos Baskervilles
    Sir Arthur Conan Doyle
65. Contos Escolhidos
    Machado de Assis
66. Da Morte / Metafísica do Amor / Do Sofrimento do Mundo
    Arthur Schopenhauer
67. As Minas do Rei Salomão
    Henry Rider Haggard
68. Manuscritos Econômico-Filosóficos
    Karl Marx
69. Um Estudo em Vermelho
    Sir Arthur Conan Doyle
70. Meditações
    Marco Aurélio
71. A Vida das Abelhas
    Maurice Materlinck
72. O Cortiço
    Aluisio Azevedo
73. Senhora
    José de Alencar
74. Brás, Bexiga e Barra Funda / Laranja da China
    Antônio de Alcântara Machado
75. Eugénia Grandet
    Honoré de Balzac
76. Contos Gauchescos
    João Simões Lopes Neto
77. Esaú e Jacó
    Machado de Assis
78. O Desespero Humano
    Sören Kierkegaard
79. Dos Deveres
    Cícero
80. Ciência e Política
    Max Weber
81. Satíricon
    Petrônio
82. Eu e Outras Poesias
    Augusto dos Anjos
83. Farsa de Inês Pereira / Auto da Barca do Inferno / Auto da Alma
    Gil Vicente
84. A Desobediência Civil e Outros Escritos
    Henry David Toreau
85. Para Além do Bem e do Mal
    Friedrich Nietzsche
86. A Ilha do Tesouro
    R. Louis Stevenson
87. Marília de Dirceu
    Tomás A. Gonzaga
88. As Aventuras de Pinóquio
    Carlo Collodi
89. Segundo Tratado Sobre o Governo
    John Locke
90. Amor de Salvação
    Camilo Castelo Branco
91. Broquéis/Faróis/ Últimos Sonetos
    Cruz e Souza
92. I-Juca-Pirama / Os Timbiras / Outros Poemas
    Gonçalves Dias
93. Romeu e Julieta
    William Shakespeare
94. A Capital Federal
    Arthur Azevedo
95. Diário de um Sedutor
    Sören Kierkegaard
96. Carta de Pero Vaz de Caminha a El-Rei Sobre o Achamento do Brasil
97. Casa de Pensão
    Aluisio Azevedo
98. Macbeth
    William Shakespeare

99. ÉDIPO REI/ANTÍGONA
    Sófocles
100. LUCÍOLA
    José de Alencar
101. AS AVENTURAS DE
    SHERLOCK HOLMES
    Sir Arthur Conan Doyle
102. BOM-CRIOULO
    Adolfo Caminha
103. HELENA
    Machado de Assis
104. POEMAS SATÍRICOS
    Gregório de Matos
105. ESCRITOS POLÍTICOS /
    A ARTE DA GUERRA
    Maquiavel
106. UBIRAJARA
    José de Alencar
107. DIVA
    José de Alencar
108. EURICO, O PRESBÍTERO
    Alexandre Herculano
109. OS MELHORES CONTOS
    Lima Barreto
110. A LUNETA MÁGICA
    Joaquim Manuel de Macedo
111. FUNDAMENTAÇÃO DA METAFÍSICA
    DOS COSTUMES E OUTROS
    ESCRITOS
    Immanuel Kant
112. O PRÍNCIPE E O MENDIGO
    Mark Twain
113. O DOMÍNIO DE SI MESMO PELA
    AUTO-SUGESTÃO CONSCIENTE
    Émile Coué
114. O MULATO
    Aluísio Azevedo
115. SONETOS
    Florbela Espanca
116. UMA ESTADIA NO INFERNO /
    POEMAS / CARTA DO VIDENTE
    Arthur Rimbaud
117. VÁRIAS HISTÓRIAS
    Machado de Assis
118. FÉDON
    Platão
119. POESIAS
    Olavo Bilac
120. A CONDUTA PARA A VIDA
    Ralph Waldo Emerson
121. O LIVRO VERMELHO
    Mao Tsé-Tung
122. ORAÇÃO AOS MOÇOS
    Rui Barbosa
123. OTELO, O MOURO DE VENEZA
    William Shakespeare
124. ENSAIOS
    Ralph Waldo Emerson
125. DE PROFUNDIS / BALADA
    DO CÁRCERE DE READING
    Oscar Wilde
126. CRÍTICA DA RAZÃO PRÁTICA
    Immanuel Kant
127. A ARTE DE AMAR
    Ovídio Naso
128. O TARTUFO OU O IMPOSTOR
    Molière
129. METAMORFOSES
    Ovídio Naso
130. A GAIA CIÊNCIA
    Friedrich Nietzsche
131. O DOENTE IMAGINÁRIO
    Molière
132. UMA LÁGRIMA DE MULHER
    Aluísio Azevedo
133. O ÚLTIMO ADEUS DE
    SHERLOCK HOLMES
    Sir Arthur Conan Doyle
134. CANUDOS - DIÁRIO DE UMA
    EXPEDIÇÃO
    Euclides da Cunha
135. A DOUTRINA DE BUDA
    Siddharta Gautama
136. TAO TE CHING
    Lao-Tsé
137. DA MONARQUIA / VIDA NOVA
    Dante Alighieri
138. A BRASILEIRA DE PRAZINS
    Camilo Castelo Branco
139. O VELHO DA HORTA/QUEM TEM
    FARELOS?/AUTO DA ÍNDIA
    Gil Vicente
140. O SEMINARISTA
    Bernardo Guimarães
141. O ALIENISTA / CASA VELHA
    Machado de Assis
142. SONETOS
    Manuel du Bocage
143. O MANDARIM
    Eça de Queirós
144. NOITE NA TAVERNA / MACÁRIO
    Alvares de Azevedo
145. VIAGENS NA MINHA TERRA
    Almeida Garrett
146. SERMÕES ESCOLHIDOS
    Padre Antonio Vieira
147. OS ESCRAVOS
    Castro Alves
148. O DEMÔNIO FAMILIAR
    José de Alencar
149. A MANDRÁGORA /
    BELFAGOR, O ARQUIDIABO
    Maquiavel
150. O HOMEM
    Aluísio Azevedo
151. ARTE POÉTICA
    Aristóteles
152. A MEGERA DOMADA
    William Shakespeare
153. ALCESTE/ELECTRA/HIPÓLITO
    Eurípedes
154. O SERMÃO DA MONTANHA
    Huberto Rohden
155. O CABELEIRA
    Franklin Távora
156. RUBÁIYÁT
    Omar Khayyám
157. LUZIA-HOMEM
    Domingos Olimpio
158. A CIDADE E AS SERRAS
    Eça de Queirós
159. A RETIRADA DA LAGUNA
    Visconde de Taunay
160. A VIAGEM AO CENTRO DA TERRA
    Júlio Verne
161. CARAMURU
    Frei Santa Rita Durão
162. CLARA DOS ANJOS
    Lima Barreto
163. MEMORIAL DE AIRES
    Machado de Assis
164. BHAGAVAD GITA
    Krishna
165. O PROFETA
    Khalil Gibran
166. AFORISMOS
    Hipócrates
167. KAMA SUTRA
    Vatsyayana
168. HISTÓRIAS DE MOWGLI
    Rudyard Kipling
169. DE ALMA PARA ALMA
    Huberto Rohden
170. ORAÇÕES
    Cícero
171. SABEDORIA DAS PARÁBOLAS
    Huberto Rohden
172. SALOMÉ
    Oscar Wilde
173. DO CIDADÃO
    Thomas Hobbes
174. PORQUE SOFREMOS
    Huberto Rohden
175. EINSTEIN: O ENIGMA DO UNIVERSO
    Huberto Rohden
176. A MENSAGEM VIVA DO CRISTO
    Huberto Rohden
177. MAHATMA GANDHI
    Huberto Rohden
178. A CIDADE DO SOL
    Tommaso Campanella
179. SETAS PARA O INFINITO
    Huberto Rohden
180. A VOZ DO SILÊNCIO
    Helena Blavatsky
181. FREI LUÍS DE SOUSA
    Almeida Garrett
182. FÁBULAS
    Esopo
183. CÂNTICO DE NATAL/
    OS CARRILHÕES
    Charles Dickens
184. CONTOS
    Eça de Queirós
185. O PAI GORIOT
    Honoré de Balzac
186. NOITES BRANCAS
    E OUTRAS HISTÓRIAS
    Dostoiévski
187. MINHA FORMAÇÃO
    Joaquim Nabuco
188. PRAGMATISMO
    William James
189. DISCURSOS FORENSES
    Enrico Ferri
190. MEDEIA
    Eurípedes
191. DISCURSOS DE ACUSAÇÃO
    Enrico Ferri
192. A IDEOLOGIA ALEMÃ
    Marx & Engels
193. PROMETEU ACORRENTADO
    Ésquilo
194. IAIÁ GARCIA
    Machado de Assis
195. DISCURSOS NO INSTITUTO DOS
    ADVOGADOS BRASILEIROS /
    DISCURSO NO COLÉGIO
    ANCHIETA
    Rui Barbosa
196. ÉDIPO EM COLONO
    Sófocles
197. A ARTE DE CURAR PELO ESPÍRITO
    Joel S. Goldsmith
198. JESUS, O FILHO DO HOMEM
    Khalil Gibran
199. DISCURSO SOBRE A ORIGEM E
    OS FUNDAMENTOS DA DESIGUAL-
    DADE ENTRE OS HOMENS
    Jean-Jacques Rousseau
200. FÁBULAS
    La Fontaine
201. O SONHO DE UMA NOITE
    DE VERÃO
    William Shakespeare

202. Maquiavel, o Poder
     José Nivaldo Junior
203. Ressurreição
     Machado de Assis
204. O Caminho da Felicidade
     Huberto Rohden
205. A Velhice do Padre Eterno
     Guerra Junqueiro
206. O Sertanejo
     José de Alencar
207. Gitanjali
     Rabindranath Tagore
208. Senso Comum
     Thomas Paine
209. Canaã
     Graça Aranha
210. O Caminho Infinito
     Joel S. Goldsmith
211. Pensamentos
     Epicuro
212. A Letra Escarlate
     Nathaniel Hawthorne
213. Autobiografia
     Benjamin Franklin
214. Memórias de Sherlock Holmes
     Sir Arthur Conan Doyle
215. O Dever do Advogado /
     Posse de Direitos Pessoais
     Rui Barbosa
216. O Tronco do Ipê
     José de Alencar
217. O Amante de Lady Chatterley
     D. H. Lawrence
218. Contos Amazônicos
     Inglês de Souza
219. A Tempestade
     William Shakespeare
220. Ondas
     Euclides da Cunha
221. Educação do Homem Integral
     Huberto Rohden
222. Novos Rumos para a Educação
     Huberto Rohden
223. Mulherzinhas
     Louise May Alcott
224. A Mão e a Luva
     Machado de Assis
225. A Morte de Ivan Ilicht / Senhores e Servos
     Leon Tolstói
226. Álcoois e Outros Poemas
     Apollinaire
227. Pais e Filhos
     Ivan Turguêniev
228. Alice no País das Maravilhas
     Lewis Carroll
229. À Margem da História
     Euclides da Cunha
230. Viagem ao Brasil
     Hans Staden
231. O Quinto Evangelho
     Tomé
232. Lorde Jim
     Joseph Conrad
233. Cartas Chilenas
     Tomás Antônio Gonzaga
234. Odes Modernas
     Anntero de Quental
235. Do Cativeiro Babilônico da Igreja
     Martinho Lutero
236. O Coração das Trevas
     Joseph Conrad
237. Thais
     Anatole France
238. Andrômaca / Fedra
     Racine
239. As Catilinárias
     Cícero
240. Recordações da Casa dos Mortos
     Dostoiévski
241. O Mercador de Veneza
     William Shakespeare
242. A Filha do Capitão /
     A Dama de Espadas
     Aleksandr Púchkin
243. Orgulho e Preconceito
     Jane Austen
244. A Volta do Parafuso
     Henry James
245. O Gaúcho
     José de Alencar
246. Tristão e Isolda
     Lenda Medieval Celta de Amor
247. Poemas Completos de Alberto Caeiro
     Fernando Pessoa
248. Maiakóvski
     Vida e Poesia
249. Sonetos
     William Shakespeare
250. Poesia de Ricardo Reis
     Fernando Pessoa
251. Papéis Avulsos
     Machado de Assis
252. Contos Fluminenses
     Machado de Assis
253. O Bobo
     Alexandre Herculano
254. A Oração da Coroa
     Demóstenes
255. O Castelo
     Franz Kafka
256. O Trovejar do Silêncio
     Joel S. Goldsmith
257. Alice na Casa dos Espelhos
     Lewis Carrol
258. Miséria da Filosofia
     Karl Marx
259. Júlio César
     William Shakespeare
260. Antônio e Cleópatra
     William Shakespeare
261. Filosofia da Arte
     Huberto Rohden
262. A Alma Encantadora das Ruas
     João do Rio
263. A Normalista
     Adolfo Caminha
264. Pollyanna
     Eleanor H. Porter
265. As Pupilas do Senhor Reitor
     Júlio Diniz
266. As Primaveras
     Casimiro de Abreu
267. Fundamentos do Direito
     Léon Duguit
268. Discursos de Metafísica
     G. W. Leibniz
269. Sociologia e Filosofia
     Emile Durkheim
270. Cancioneiro
     Fernando Pessoa
271. A Dama das Camélias
     Alexandre Dumas (filho)
272. O Divórcio /
     As Bases da Fé /
     e outros textos
     Rui Barbosa
273. Pollyanna Moça
     Eleanor H. Porter
274. O 18 Brumário de Luís Bonaparte
     Karl Marx
275. Teatro de Machado de Assis
     Antologia
276. Cartas Persas
     Montesquieu
277. Em Comunhão com Deus
     Huberto Rohden
278. Razão e Sensibilidade
     Jane Austen
279. Crônicas Selecionadas
     Machado de Assis
280. Histórias da Meia-Noite
     Machado de Assis
281. Cyrano de Bergerac
     Edmond Rostand
282. O Maravilhoso Mágico de Oz
     L. Frank Baum
283. Trocando Olhares
     Florbela Espanca
284. O Pensamento Filosófico da Antiguidade
     Huberto Rohden
285. Filosofia Contemporânea
     Huberto Rohden
286. O Espírito da Filosofia Oriental
     Huberto Rohden
287. A Pele do Lobo /
     O Badejo / o Dote
     Artur Azevedo
288. Os Bruzundangas
     Lima Barreto
289. A Pata da Gazela
     José de Alencar
290. O Vale do Terror
     Sir Arthur Conan Doyle
291. O Signo dos Quatro
     Sir Arthur Conan Doyle
292. As Máscaras do Destino
     Florbela Espanca
293. A Confissão de Lúcio
     Mário de Sá-Carneiro
294. Falenas
     Machado de Assis
295. O Uraguai /
     A Declamação Trágica
     Basílio da Gama
296. Crisálidas
     Machado de Assis
297. Americanas
     Machado de Assis
298. A Carteira de Meu Tio
     Joaquim Manuel de Macedo
299. Catecismo da Filosofia
     Huberto Rohden
300. Apologia de Sócrates
     Platão (Edição bilingue)
301. Rumo à Consciência Cósmica
     Huberto Rohden
302. Cosmoterapia
     Huberto Rohden
303. Bodas de Sangue
     Federico García Lorca
304. Discurso da Servidão Voluntária
     Etienne de La Boétie

305. Categorias
    Aristóteles
306. Manon Lescaut
    Abade Prévost
307. Teogonia /
    Trabalho e Dias
    Hesíodo
308. As Vítimas-Algozes
    Joaquim Manuel de Macedo
309. Persuasão
    Jane Austen
310. Agostinho - Huberto Rohden
311. Roteiro Cósmico
    Huberto Rohden
312. A Queda dum Anjo
    Camilo Castelo Branco
313. O Cristo Cósmico e os
    Essênios - Huberto Rohden
314. Metafísica do Cristianismo
    Huberto Rohden
315. Rei Édipo - Sófocles
316. Livro dos provérbios
    Salomão
317. Histórias de Horror
    Howard Phillips Lovecraft
318. O Ladrão de Casaca
    Maurice Leblanc
319. Til
    José de Alencar
320. Pequenas tragédias
    Alexandr Púchkin
321. Diário do subsolo
    Fiódor Dostoiévski
322. Orientando para a
    autorrealização
    Huberto Rohden
323. Deus
    Huberto Rohden
324. O Banquete
    Platão
325. Antígona
    Sófocles
326. A Abadia de Northanger
    Jane Austen
327. Diálogo do amor
    Plutarco
328. O Garimpeiro
    Bernardo Guimarães

Série Ouro
(Livros com mais de 400 p.)

1. Leviatã
   Thomas Hobbes
2. A Cidade Antiga
   Fustel de Coulanges
3. Crítica da Razão Pura
   Immanuel Kant
4. Confissões
   Santo Agostinho
5. Os Sertões
   Euclides da Cunha
6. Dicionário Filosófico
   Voltaire
7. A Divina Comédia
   Dante Alighieri
8. Ética Demonstrada à
   Maneira dos Geômetras
   Baruch de Spinoza
9. Do Espírito das Leis
   Montesquieu
10. O Primo Basílio
    Eça de Queirós
11. O Crime do Padre Amaro
    Eça de Queirós
12. Crime e Castigo
    Dostoiévski
13. Fausto
    Goethe
14. O Suicídio
    Émile Durkheim
15. Odisseia
    Homero
16. Paraíso Perdido
    John Milton
17. Drácula
    Bram Stoker
18. Ilíada
    Homero
19. As Aventuras de
    Huckleberry Finn
    Mark Twain
20. Paulo – O 13º Apóstolo
    Ernest Renan
21. Eneida
    Virgílio
22. Pensamentos
    Blaise Pascal
23. A Origem das Espécies
    Charles Darwin
24. Vida de Jesus
    Ernest Renan
25. Moby Dick
    Herman Melville
26. Os Irmãos Karamazovi
    Dostoiévski
27. O Morro dos Ventos
    Uivantes
    Emily Brontë
28. Vinte Mil Léguas
    Submarinas
    Júlio Verne
29. Madame Bovary
    Gustave Flaubert
30. O Vermelho e o Negro
    Stendhal
31. Os Trabalhadores do Mar
    Victor Hugo
32. A Vida dos Doze Césares
    Suetônio
33. O Moço Loiro
    Joaquim Manuel de Macedo
34. O Idiota
    Dostoiévski
35. Paulo de Tarso
    Huberto Rohden
36. O Peregrino
    John Bunyan
37. As Profecias
    Nostradamus
38. Novo Testamento
    Huberto Rohden
39. O Corcunda de Notre Dame
    Victor Hugo
40. Arte de Furtar
    Anônimo do século XVII
41. Germinal
    Émile Zola
42. Folhas de Relva
    Walt Whitman
43. Ben-Hur — Uma História
    dos Tempos de Cristo
    Lew Wallace
44. Os Maias
    Eça de Queirós
45. O Livro da Mitologia
    Thomas Bulfinch
46. Os Três Mosqueteiros
    Alexandre Dumas
47. Poesia de
    Álvaro de Campos
    Fernando Pessoa
48. Jesus Nazareno
    Huberto Rohden
49. Grandes Esperanças
    Charles Dickens
50. A Educação Sentimental
    Gustave Flaubert
51. O Conde de Monte Cristo
    (Volume I)
    Alexandre Dumas
52. O Conde de Monte Cristo
    (Volume II)
    Alexandre Dumas
53. Os Miseráveis (Volume I)
    Victor Hugo
54. Os Miseráveis (Volume II)
    Victor Hugo
55. Dom Quixote de
    La Mancha (Volume I)
    Miguel de Cervantes
56. Dom Quixote de
    La Mancha (Volume II)
    Miguel de Cervantes
57. As Confissões
    Jean-Jacques Rousseau
58. Contos Escolhidos
    Artur Azevedo
59. As Aventuras de Robin Hood
    Howard Pyle
60. Mansfield Park
    Jane Austen